法国研究中心/中法人文交流研究中心

法国
热点问题研究

巴黎七大孔子学院参考教材

主 编 王 战 刘婧玥 崔 萍
副主编 袁伟菡 周漪涛 喻鼎鼎

WUHAN UNIVERSITY PRESS
武汉大学出版社

图书在版编目(CIP)数据

法国热点问题研究/王战主编.—武汉：武汉大学出版社,2019.12
 ISBN 978-7-307-15094-2

Ⅰ.法…　Ⅱ.王…　Ⅲ.法国—研究　Ⅳ.K956.5

中国版本图书馆 CIP 数据核字(2019)第 295121 号

责任编辑:罗晓华　邓　喆　　责任校对:汪欣怡　　　版式设计:韩闻锦

出版发行: **武汉大学出版社**　(430072　武昌　珞珈山)
　　　　(电子邮箱: cbs22@ whu.edu.cn　网址: www.wdp.com.cn)
印刷:湖北金海印务有限公司
开本:720×1000　1/16　印张:21　字数:302 千字　插页:1
版次:2019 年 12 月第 1 版　　2019 年 12 月第 1 次印刷
ISBN 978-7-307-15094-2　　定价:56.00 元

序　言

　　作为世界主要发达国家之一，法国一直秉承着自由、民主和博爱的信念活跃在世界舞台上。自 1964 年，法国率先在西方国家中与中国建立外交关系，中法两国携手走过了 55 个春秋，开创了一个又一个合作新局面，内容涉及各个领域，不断深化了两国全面战略伙伴关系，推进了两国关系稳步前行，共同促进了世界繁荣与稳定。

　　当前，中法关系呈现出强劲的发展势头。双方构建了战略、高级别经济财金、人文交流三大支柱性合作机制，涵盖了 30 多个对话磋商机制。其中，中法高级别人文交流机制业已成为中法关系中至关重要的组成部分。在此背景下成立的武汉大学"中法人文交流研究中心"（教育部备案），携手武汉大学教育部国别研究重点基地"法国研究中心"组织人员编译法国实时热点问题，旨在增强对法国的了解，发挥科研平台的智库作用，互学互鉴，为推动中法人文交流蓬勃发展作出贡献。本书汇集了年度法国各大热点问题，新闻来源真实多样，涉及《世界报》《费加罗报》《回声报》等多个法国国内权威媒体报刊；研究领域全面丰富，涵盖法国国内政治、经济、社会和文化主题。本书做到了紧密追踪法国各大热点问题最新状态，全方位展现热点发展趋势，为国内学界研究法国提供了更加翔实的数据、更加新颖的视角，具有重要的参考价值和学术意义。

　　本书真正做到了"一书两用"，即一方面为国内研究法国社会、政治、经济、文化的学者提供参考，另一方面，作为法国巴黎第七大学孔子学院教学参考书目，在对外汉语教学的过程中，因本书内容来源于法国国内社会生活的方方面面，贴近法国人的生活实际，在充分考虑词汇量的前提下，针对热爱学习中文的法国人，在高级汉语课程教学的课堂上，本书作为阅读辅助教材，在提高汉语学习者的阅读水平方面将发挥重要作用。

　　参与本书撰写的还有武汉大学法语系博士生喻鼎鼎、范舒扬以及硕士生徐青青、于迈和杨蕊。在此感谢各位同学的付出与支持。感谢武汉大学法语系吴泓缈教授的指导。最后，本书得以付梓离不开武汉大学出版社所有工作人员的辛勤劳动。

王　战

2019 年 11 月

目　　录

政治栏目

经 济 栏 目

社会与文化栏目

政治栏目

马克龙改革令对手头晕目眩

继推进宪法，高考，高等教育，国营铁路公司，庇护权，移民，实习，住房，职业培训，农业，劳动权利，巨额财产税等一系列改革之后，埃马纽埃尔·马克龙的改革之路行至司法领域，并期望在上半年末顺利进行所有改革。

近期，法国政府发言人本杰明·格里沃声称，为了提防"那些希望节奏放慢或者是认为太多事情同时进行的人"，改革"由总统全权负责，节奏紧张"。马克龙的改革节奏之快令人头晕目眩，使得他的政敌——比如工会一直努力夺回发言权。但近日马克龙和菲利普民意支持的下跌大大激励了他们的政敌。舆观调查网（YouGov）的一份民意调查显示，马克龙和菲利普的支持率分别下降了 11 和 6 个百分点。这是二人继上任以来的最低支持率。

自总统大选之后，低调的社会党人士成功夺回部分发言权。社会党议员富尔认为此次改革"有着进展迅速的决心，各种公告层出不穷，但没有给人真正解决问题的感觉"。此前，共和党领导人乌基耶和"不屈法国"的梅朗雄也进行过诸如此类的抨击。值得注意的还有法国总工会，他们为了反对国营铁路公司改革，曾威胁封锁全法国。

格里沃指出，这些人不是为了使法国强大，而是为了让马克龙彻底失败。为了达成企图，他们毫不犹豫地制造各种恐慌。"要么他们把我们封锁，让 2017 年被法国人抛弃的民粹主义卷土重来。要么我们取得胜利，进入国家重施福泽的历史性时期。"目前，当局更倾向于第二种选择。法国民调机构（ELABE）上周民调显示，约有 1/2（44%）的法国人认为当局改革的节奏良好，1/3（35%）的人觉得节奏过快。总理的一位亲信保证，"为改变现实我们正处在一个必要的改革节奏中。认为法国人意欲叫停的想法将是错误的"。事实上，总统和总理已于年初公布改革日程。早在 2018 年 1 月 3 日政府工作研讨会上，菲利普就向各位部长声明"餐桌上依旧有很多面包"。此外，关于改革节奏这一问题，马克龙绝对不是那种爱开玩笑的人，每一个曾与他讨论过此类问题的部长都可以证明。

　　一位曾参加总统竞选的部长确信，"如果马克龙成功了，他可以在五年任期结束前彻底放手"，他还调侃道他是指第二个五年任期。

《费加罗报》2018 年 3 月 16 日刊

马克龙和默克尔着手重塑欧盟

法国总统马克龙等这一刻已经六个月了：安格拉·默克尔再次当选德国总理。自此，在未来四年中，法国与德国的稳定同盟关系得以保障，马克龙和默克尔可以就重塑欧盟及其第一个步骤进行会晤：2019年5月的大选。

按照惯例，德国新上任领导人的首次外访都会选择法国。因此就有了默克尔和马克龙超过四小时的深层次工作会议，其目标在于讨论未来几月中欧洲议程的主题。

从欧元区到移民问题，再到国防、经济政策的革新，以及国际热点问题（俄罗斯、叙利亚、朝鲜、伊朗等），两位领导人力求面面俱到。所有这些都是以英国脱欧和欧洲民粹主义兴起为背景的，最近意大利选举结果就证明了这一点。"我们都被搞乱了，为了使欧洲走出冰川期，果敢就是我们唯一的反应，"去年九月，马克龙在其于索邦大学发表的关于重塑欧盟的演讲中如是说。自此，他一直在等待默克尔的连任大选以发动这一场"战役"。重塑欧盟将伴随着政府间的合作，被默克尔称为"欧洲再启程"。

为了抵抗极端势力，法国和德国随时准备消除一些分歧。"可能法国与德国之间并不是一直持相同意见，但在历史上，这两个国家已经做了很多了，"默克尔回忆道。她在其任期结束前与马克龙会晤，而马克龙那时才刚开始他的任期。"马克龙，是年轻且强大的力量；默克尔，则是脆弱的旧力量。但是他们除了联合，别无选择，这对他们来说很实用，"一位政府部长证实道。

简而言之，德国与法国轴心并非一条康庄大道。他们将自身意图加

5

到欧洲进程上，触怒了一些领导人。此外，这些国家之间的不和谐也引起了欧洲理事会主席唐纳德·图斯克（Donald Tusk）的担心，他对于领导人之间达成的关于欧元区改革的"有限共识"表示震惊。关于这一点，"目标就是在明年6月的欧洲理事会之前，达成法国与德国之间一个总体的路线图……"布鲁诺市长在法国与德国两国元首的会晤之前声明。默克尔承诺德国政府已做好和法兰西政府携手共进的准备。

即将到来的欧洲年表明，欧洲还是能够改革以及重新找到方向的，即使进程缓慢。在与默克尔会晤之前，马克龙表示新的宏伟计划的构建必不可少。"民族主义者和欧洲人之间的战争还未开始，"一位法国部长预料冲突将在一年之后的欧洲选举中发生。

《费加罗报》2018年3月18日刊

法国总理菲利普宣布
加强对种族主义的打击力度

本周一，菲利普总理在法国移民历史博物馆公布反种族主义和反犹太主义新计划。这项为期三年的计划主要是为了加强对网上仇恨言论的监管与惩治力度。菲利普强调这些言论"不是看法"，而是"不法行为"，"不法行为应被确认并受到制裁，所有在法国境内公开并传播的言论都应符合法国法律"。早在2015年前任总理也公布了相关措施，但都无疾而终。该项新计划有所革新，但也沿袭了此前尚未实施的一些旧举措。

菲利普着重指出，法国在欧洲范围内打造网络平台法律新框架的压力倍增。同时他表示将动员欧洲议会的各位法国代表一起加入斗争。法国当局首要考虑的问题是在全法范围内进行改革，重点要求主要信息平台在法国拥有法律代表，平台使用者发表非法内容所使用的工具应是可见的、可获取的。以上主张遭到专业人士的质疑，法国社区网站协会主席马蒂诺指责这些"哗众取宠、令人费解的条例"早已有之。除此之外，该计划还致力于加强校园保护和推进诉讼便利化。内政部公开数据显示，2017年反犹太人及反穆斯林活动数量有所下降，然而，暴力行为的数量却增加了，尤其是反犹太人行为。

至于该项计划是否得到了财政拨款支持，官方声称"每一项行动都将由部门财政预算出资"，但并未透露更多细节。据悉，关于确保实施的相关措施，总理在周一的公开讲话中已经"清楚"表达。此前，勒阿弗尔市的前任市长曾在移民历史博物馆公开回忆一次家庭聚会受邀者的反犹太人言论。

《自由报》2018 年 3 月 20 日刊

特朗普高度评价与普京的会谈

周二晚，在特朗普与普京的电话会谈被宣布之后，《华盛顿邮报》揭露道，此次通话前，美国国家安全委员会在转给总统的纸条中用大写字母写道："别恭喜他。"很显然，特朗普并没有遵循这条建议。

特朗普透露说，自己和普京总统通话了，并祝贺他大选获胜。"我们相谈甚欢，我觉得在不久的将来我们可以讨论一下军备竞赛，其发展已经不受控制了，但我们绝对不会让人靠近我们的军火库。我们也谈了乌克兰，叙利亚，朝鲜和其他事情。"

关于他的竞选与克里姆林宫之间的联系，特朗普现在仍在接受联邦调查，他与俄罗斯总统的一切关系都受到了监视。

特朗普既没有提到相关的争议，也没有提到俄罗斯大选的情况。根据欧安组织（OSCE）的标准，俄罗斯大选被指责缺乏真正的竞争，"恐吓"反对派并被怀疑选票填塞。白宫新闻发言人莎拉·桑德斯（Sarah Sanders）说："我们不和其他国家讨论细节。我们所知道的，仅仅是普京当选了。"

单枪匹马的骑兵

与特朗普敌对的共和党人约翰·麦凯恩（John McCain），在推特中表示，美国总统祝贺那些在虚假选举中获胜的独裁者，这样并没有引领大家走向自由的世界。特朗普这样做，侮辱了每一个被剥夺了投票权，从而无法通过自由公正的选举来决定国家未来的俄罗斯公民。

国家安全顾问的意见也是如此。特朗普就像一名单枪匹马的骑兵，去接近俄罗斯总统。这种状况使赫伯特·雷蒙德·麦克马斯特（H. R. McMaster）受到威胁，从而导致他的任期可能会被缩短，因为他没有在电话会谈之前把口头言辞的注意事项告知特朗普。

特朗普似乎特别关注普京最近公布的新式核武器、弹道导弹以及"无法阻挡"的远程鱼雷。他在马克龙、特蕾莎·梅以及默克尔面前曾表现出这一兴趣。周二，他号召美国要努力使自己的军火库现代化："我们在武器上花费 7000 亿美元，这将远远超过世界上其他任何一个国家。"

《费加罗报》2018 年 3 月 22 日刊

机构改革：声势浩大，轮廓模糊

4月4日，法国总理爱德华·菲利普（Edouard Philippe）公布了机构改革方案。这与马克龙的竞选承诺一脉相承，被认为能加强法国人民对领导人的信心。改革由修宪案、组织法案以及普通法案组成，详细内容将在5月9日的部长会议上提交。

爱德华保证："这并不是回到第四共和国或是前往第六共和国，而是回到第五共和国的源头———一个由政府进行管辖，由议会进行立法和控制的共和国。"

削减议会两院议员数量

未来，波旁宫可能只有404人（现为577人），上议院可能只有244人（现为348人）。虽然总理承诺每个省份以及每块国土都有相应的代表，但反对派质疑这种规划会牺牲人口较少的农村的利益，并会使议员脱离群众。

15%的比例代表制

在人数削减到400人的议会中，从2022年开始，将会有60个席位实行比例代表制。国民阵线（FN）党魁勒庞（Marine Le Pen）指出这是"对民主体制的施舍"。民主运动（MoDem）领袖弗朗索瓦·贝鲁（François Bayrou）表示出他的不满，声称他在此次改革中仅看到一个"起点"，只有在议会辩论中才能找到新的平衡点。

限制公职兼任

与马克龙的承诺相一致，当选代表的兼职数量不得超过 3 个，但这并未涉及那些不到 9000 人的小镇。然而法国总理并未详细说明这一改革开始的时间：如果从下次的换届选举开始，那么有些官员的任期在这之前就已经超过 3 届。因此要等到 2030 年这一改革才能充分发挥其效果。

更多的领土自由

就像马克龙承诺的那样，宪法有特殊条款赋予科西嘉岛特殊的地位：爱德华·菲利普说这并不仅仅是象征意义，因为这允许科西嘉岛"在议会的控制之下，采取符合该岛特殊性的共和国法律"。

加强对议会的控制

关于每年秋天对于部门预算长达 70 天的审查，审查时间将缩短至 50 天，来年春季再进行第二次审查，并且将对部长的履职能力进行评估。

《自由报》2018 年 4 月 5 日刊

法国"共和国前进"党
着手欧洲议会选举

欧洲议会选举在即，法国"共和国前进"党于本月7日打出"欧洲大运动"旗号，投入5月"大选之战"。"欧洲大运动"是一项入户民意调查活动，原定于上月24日开始，因23日在奥德省发生的恐怖袭击事件而推迟至本月。

在接下来的五周内，"共和国前进"党的活动分子们会走访十万余户人家，询问搜集人们对欧洲的各项期许。问卷内容采取开放式问题，诸如"如果我说'欧洲'这个词，你会联想到什么？"或者"您觉得欧洲有什么做得不好的？"。这种民主参与的模式可追溯至2016年马克龙参与大选。此次"共和国前进"党放出大招，动员了十余位部长以及近两百名议员参与进来。作为"战役"总指挥，该党党首卡斯塔内多方动员，充分调动民众积极性。本周六他还将亲自前往图尔，助力"欧洲大运动"。

纵观欧洲大陆，英国脱欧，德国及意大利大选结果公布，民族主义思潮后退，民粹主义抬头。在此严峻形势下，法国也未能幸免，国内批判欧盟的声音此起彼伏，2014年极右政党国民阵线在欧洲议会选举中的成功就是铁证。面对当前国民对欧盟的不断质疑，卡斯塔内认为此时更要呼吁"我们需要欧洲"。

据悉，马克龙在此次选举中会发挥巨大作用。继去年九月份在雅典和索邦大学演讲之后，他将于本月17日在斯特拉斯堡举行的欧洲议会上再次发表有关欧洲的演讲。马克龙此行希望得到欧盟的支持，包括支持其关于在全法国及欧洲推行"公民咨询"行动。与此同时，这项"马克龙主义"运动尝试与欧洲其他党派结盟，比如西班牙公民党，期望在欧洲议会内部找到"落脚点"。

《世界报》2018 年 4 月 8 日刊

法国共和党主席再谈移民问题

怎样减少移民？——这是在国民议会审查政府的移民条例时，共和党人关注的问题。共和党（LR）主席罗朗·乌基耶（Laurent Wauquiez）在周三的专题大会上指出：这一法律草案并不包括任何能规范法国移民爆炸式进程的严厉措施。法国不断接收外来移民，已经超出自身能力，仅在去年，也就是马克龙走马上任的第一年，就史无前例地发出了26.2万张居留许可证！

为了摆脱"大规模的移民"，共和党人已经提出12项重大的建议，罗朗·乌基耶强调"既没有禁忌也没有强加的路线"。在这些建议中，他希望对于一个简单的问题，即是否希望法国通过法律来限制移民人数，进行全民公投。他认为应该由法国人自己，而不是那些偷渡者，决定谁能够进入法国。法国人有权利对移民问题表达自己的看法并作出决定。

重塑双重的痛苦

另一个问题涉及出生地原则，乌基耶认为这"转移"并"超出了其原有的使命"，因此他想在此基础上设定简单的法律：若父母在法国处于一个非正常状态，那么相关法律就不允许他们的孩子获得国籍。

虽然勒庞（Marine Le Pen）在本周初有过这一提议，但共和党总秘书安妮·热内瓦（Annie Genevard）认为国民阵线和共和党的政治哲学是截然不同的。她说共和党的目标是实现更好的融合，而勒庞却把外来移民当作替罪羊。党副主席阿巴得（Damien Abad）认为移民流向法国社会对国家来说是一个机会。罗朗·乌基耶证实，那些通过非法渠道进入法国的人，是没有权利获得居留许可，从而使其身份合法化的。有犯罪记录的外国人更是如此。

总之，共和党希望通过在资源以及接纳方面实行更为严厉的措施，以此来限制移民。"也就是说那些认为伊斯兰教优于共和国价值准则，没有意识到男女平等，以及强迫妻子、姐妹戴面纱的人，是不会获得法国国籍的。乌基耶指出，他希望在 5 年之内将 30 万非法移民驱逐出法国。

《费加罗报》2018 年 4 月 19 日刊

法国前总理瓦尔斯欲在
巴塞罗那重启政治生涯

在法国前总理曼努埃尔·瓦尔斯（Manuel Valls）的朋友中，有一大部分对于他竞选巴塞罗那市市长感到惊讶。因为之前他们听说瓦尔斯并不反感重回政坛，在爱德华·菲利普（Edouard Philippe）的政府中任职。这本是一个公开的秘密。

在本周宣布和安妮·格拉沃茵（Anne Gravoin）离婚之后，瓦尔斯希望能利用去西班牙，给自己换个环境，并且寻找其政治生涯的突破点。在接受西班牙电视台 TVE 采访时，他指出他将"研究"公民党（Ciudadanos）提交的授权提案。他有兴趣加入关于独立性的辩论，但是他比任何人都更知道保持悬念，并不打算在法国媒体上发言……瓦尔斯的同事透露，他周三抵达马德里，周四将和费利佩·冈萨雷斯·马克斯（Felipe Gonzalez）在卡洛斯三世大学就欧洲的未来进行会谈，接下来则是其私人行程。

在瓦尔斯的亲信中，只有少数人相信他会去西班牙进行竞选。但是接任他埃夫里市（Evry）市长职位的弗朗西·书尔（Francis Chouat）并不排除这一可能性："他很喜欢西班牙球队，尤其是加泰罗尼亚队。所以在鼓动之下，他会慎重考虑。但是在内心深处他还是法国人，他也不是那种中途放弃法国政途的人。"于瓦尔斯而言，离开法国将是一个重大的政治选择，也是一个人生选择。

完 全 尊 重

在西班牙以及加泰罗尼亚地区，瓦尔斯的竞选对于反独立运动者来说是福音，亦是赌局。从10月1日加泰罗尼亚自治区"独立公投"以来，瓦尔斯就无处不在，被西班牙的党团分子作为政治家所接受。在每次活动中，在每次电视节目里，在每个仪式上，瓦尔斯都有权利获得尊重。他被媒体所赏识，当国际舞台上有冲突时，他在保卫讲加泰罗尼亚语以及西班牙语的国家上，甚至是维护欧洲上是有优势的。瓦尔斯证实道，在类似的情况下，法国也会和西班牙一样作出同样的反应，而对于这些措施，独立主义者会指责政府的专制，团结主义者则会拍手叫好。

《费加罗报》2018 年 4 月 22 日刊

法国总统马克龙访美
称与特朗普政见不合

近日，法国总统马克龙对美国进行国事访问。行程前两日，马克龙在华盛顿深深受制于与特朗普的"特殊"关系中。但 4 月 25 日最新的外事活动却拉开了两位总统之间的距离。事实上，马克龙在美国国会以及随后与乔治·华盛顿大学学生交流的活动中，都表现出了与特朗普在多项议题上的分歧。

在美国国会上下议会联席会议上，马克龙首先祝贺两国友谊长存。随后，就当今世界的不确定性，他表示可以保持"独善其身，退缩以及本国优先"的态度，但这不是一个可选项。这的确有可能缓解恐惧，但闭关锁国并不能阻止恐惧的蔓延。然而，特朗普的态度却是高举"美国优先"的大旗。

在 2017 年 9 月举行的联合国大会上，马克龙还曾力挺"强有力的多边主义"，他坚信多边主义带来的是"保护"和"共同繁荣"，而不是民族认同感和民族文化的丧失。然而，随着特朗普大搞"贸易战"，鼓吹"更好的国际贸易准则"，马克龙，这位曾对此严厉谴责的总统随即加入特朗普行列，将这份"共同责任感"抛之脑后。但在伊朗核问题上，马克龙还是在美国国会上重申了其执行"联合全面行动计划"（JCPOA）的决心。他指出"不能就此抛弃该项协议"，并且强调无论是"现在"，还是"五年后或十年后"，伊朗绝对不能拥有核武器。在马克龙访美之后，美国方面必须在 5 月 12 日表明其立场，是重回"联合全面行动计划"还是就此退出并恢复对伊朗的制裁。但同时马克龙补充道，不管美国作出怎样的决定，"为了切实高效解决伊朗核问题，我们应共同制定一个涵盖面更广，更有利于所有人的协议"。该"新协议"很明显只是马克龙与特朗普这次会谈相谈甚欢的"临时想法"。对此，伊朗、德国、英国及欧盟方面作出了反对，再次表明继续支持2015年"协议"的决心：只要伊朗保证不研发核武器，有关六国将逐渐减少对其制裁措施。

《世界报》2018 年 4 月 27 日刊

法国环境政策：雷声大，雨点小

法国总统马克龙上任一年以来，一直把气候问题当作外交武器，但实际上这并没有推动法国更深层次的变化。

通过说服环境方面的代表尼古拉斯·胡洛特（Nicolas Hulot）进入政府，并将生态部提至政府部门的第二位，马克龙迅速将生态问题视为重中之重，这很让人惊喜。在当选一年后，他在这一领域的工作显得更为清晰。其言论是激烈又坚定的，尤其是在气候方面，并伴随一些较为胆怯，即象征性的政策。分析哲学家、生态学家多米尼克·布格（Dominique Bourg）认为政府依然保持审慎，其最终目标是发展国际贸易，而非维护我们的环境。

政 治 手 段

在环境问题上，毫无疑问，政府决定放弃修建德兰德斯圣母机场（Notre-Dame-des-Landes）。马克龙决定反对这个项目，正如弗朗索瓦·密特朗（François Mitterrand）于 1981 年就拉尔扎克问题（Larzac）所回应的那样。1 月 17 日，法国总理菲利普郑重宣布"没有条件进行德兰德斯圣母机场项目"。这个拖了一整个世纪的项目，不可能在人们反对声日渐高涨的情况下完成。马克龙预估了可从环境领域中获得的收益，这比从基础设施中获得的利益要多得多。

在第 21 届联合国气候变化大会（COP21）取得成功的第三年，气候问题依旧是马克龙的外交武器。他是第一个谴责特朗普撤出《巴黎协定》的国家元首。马克龙在媒体上回应"让我们的地球重回美好"

（这是盗用了特朗普的竞选口号："再次使美国变得美好"），不可否认，这一政治手腕很高明，它使法国成为气候变化大会中缔结的气候协议的守护者。2017 年 12 月 12 日是《巴黎协定》两周年，马克龙就资金问题召集了公共和私人利益相关者进行了峰会讨论。

　　然而，法国国际关系学院专家马克安东尼（Marc-Antoine Eyl-Mazzega）和卡洛勒·马修（Carole Mathieu）评论说马克龙总统仍没有以低碳转型模式来助推法国。能源与气候专家阿尔梅勒·勒孔（Armelle Le Comte）承认，马克龙意识到了气候的紧急情况以及帮助弱势群体的重要性，这一点是好的，但马克龙并未"坚持到底"。

《世界报》2018 年 5 月 8 日刊

法国总理菲利普表忠心，
紧随马克龙脚步

法国总理爱德华·菲利普（Edouard Philippe）入主马提翁宫已满一年，一直以来严格执行马克龙制定的政策，并承诺改革政策会进行到底。前总理阿兰·朱佩（Alain Juppé）也对此表示认可。

菲利普表示，即使总统选举以及议会选举都面临着国家的改革，他依然完全坚持马克龙政府的右派政策，且多数派认为总理的手段更为自由，而非保守，采取了很多措施来使社会重回轨道，例如在贫困地区设置一年级课程班，增加日常的警力部署以及一些有利于培训和训练的措施。

被问及是否会坚守右派阵营时，菲利普这样说道："我是来自右派的，但是来到马提翁宫一年之后，我再也不会提出这样的疑问，法国人也再也不会把我归为右派，唯一让我感兴趣的是，法国人民会意识到我们的政策是有效的，在法国停滞了多年之后，这些政策是有利于修复国家机器的。"

谈到对于"马克龙主义"的理解，菲利普称，这是一个规划，也是一种意愿，有助于推动法国融入日新月异的世界。经济学家们知道怎样去解释过去，但是对未来却不抱很大的确定性。他本人认为还是要立足实际情况，因为他发现征税导致了大量投资的流失；法国的失业率远远高于其他欧洲国家，而其他国家也采取了相似的措施。法国现在已经被认为是经济上最有吸引力的国家。

对于工会，马克龙一再表示，工会并不代表普遍的利益，菲利普则强调了工会的作用，认为工会的作用是独一无二的，但其角色一直没有被认识到，他也愿意和工会成员进行讨论，即使也有意见相左的时候。但在集体问题上，他认为议会的合法性是远远超过工会的。

《世界报》2018 年 5 月 16 日刊

法国总统马克龙着手处理
伊斯兰教相关内政

自当选以来，法国马克龙一直拒绝积极处理伊斯兰教与法国这一议题。凡是涉及这一议题的报告，马克龙都曾希望交由时间来解决。然而，时机已到，对于伊斯兰教在法国的地位问题，马克龙是时候发表自己的看法了。早在二月份，他向《星期日报》透露自己的日程计划时就表示，打算今年第一季度公开关于法国处理伊斯兰教相关问题的计划。

此刻，马克龙已经明确了方向，确定了先后。他决定首先解决"领事式伊斯兰教"（islam consulaire），即受境外影响的伊斯兰教，主要涉及摩洛哥、阿尔及利亚、土耳其以及波斯湾地区。目标是给予伊斯兰教——法国第二大宗教以自主。此外，马克龙还打算优先实施两个宏大规划：一是组织培训伊玛目（伊斯兰教领拜人）；二是解决礼拜的资金问题。当然，他在与马格里布地区及海湾地区领导人会谈时都谈及了这些问题。

至于难对付的萨拉菲派，马克龙保留了行动余地。但归根结底，还是因为拿不出有效的解决方案。由于计划复杂多样，决策者又小心谨慎，法国在对待伊斯兰教这一议题的方方面面都有待商榷。此前，马克龙在突尼斯的一次讲话中指出："那些人将伊斯兰教本身看成问题，这正中挑拨离间者的下怀"，"有近五百万的法国人信仰伊斯兰教……他们中的绝大部分规规矩矩地生活在法国……有一些人有着不一样的政见。我们应该客观地区别对待"。此外，在四月初接受法国电视一台（TF1）采访时，他强调："在一些清真寺，信徒藐视法国法律，鼓吹不法言论，导致暴力事件发生。这些清真寺将会被关闭。"但马克龙食言了。因为饱受反对派言论的攻击，此前声称要关闭三座清真寺的计划还是落空了。法国境内每发生一起打着"极端主义"旗号的恐怖袭击，马克龙打击激进伊斯兰教的决心与行动就要遭受一次质疑。

《费加罗报》2018 年 5 月 14 日刊

巴以两国冲突不断　国民阵线摇摆不定

　　支持以色列去对抗巴勒斯坦，还是捍卫巴勒斯坦去抵抗犹太国，难以抉择。周一，以色列和加沙边界地带发生暴力事件（60 人死亡，2500 人受伤），唤起了国民阵线（FN）党内存在已久的裂痕。有代表指出亲以色列人以及亲巴勒斯坦人这两种情感显然是党内共存的，并且党内还存在着反犹太主义者。

　　党魁勒庞（Marine Le Pen）是以色列的捍卫者。她在周二谈道，有人为巴勒斯坦大量的死伤惋惜，但我们只看到一个信息，这一信息有些过激且不必要，但是十分明显，即他们是不会在安全方面妥协的。但在国民阵线中依然存在与勒庞相悖的声音。

勒庞的角色是平衡点

　　对于勒庞指责美国驻耶路撒冷大使馆的举动，参议员及弗雷于斯市（Fréjus）市长大卫（David Rachline）持反对意见，他在国民阵线中说道，"保护边境并不意味着要杀死十几个人"，事实上，他并不同意吉贝尔·克拉尔（Gilbert Collard）关于巴以冲突的观点，认为勒庞起到的就是平衡点的作用。并不只有大卫这样回应，勒庞之前的亲信阿谢尔·鲁斯特（Axel Loustau）和富德雷克·沙缇勇（Frédéric Chatillon）就放弃了之前的立场。前者在推特中写道：谁能够有理有据地去谈论领土上的争端呢？这就是个屠杀，全世界都无动于衷；后者则公然侮辱了国民阵线新的国家研究以及争论代表让·梅西哈（Jean Messiha）。

　　国民阵线中央委员会前委员以及法国爱国主义联盟主席米歇尔·杜

里（Michel Thooris）声称国民阵线历史上的反犹太主义已经被反犹太复国主义所取代。勒庞的前顾问认为像大卫那样的人会大大影响勒庞。但事实证明，如果一个政党想要展望未来，受其过去影响是不可避免的。

《星期天报》2018 年 5 月 20 日刊

法国总统马克龙欲推郊区政策改革

本周二，法国总统马克龙在爱丽舍宫发表讲话，否定了前城市事务部部长的郊区政策。而早前据马克龙亲信透露，他也非常果断地搁置了内政部部长博尔洛（Jean-Louis Borloo）关于困难街区的提案。此次讲话，马克龙表明自己并不会公布任何关于城市或郊区的计划，他自己也不相信这种策略还能继续"发挥作用"。为了更加明确地表达自己的想法，他补充道："两个不生活在这些街区的男人相互交换着关于治理这些街区的计划，这种做法没有任何意义。"所以，"博尔洛提案"以及他所规划的"旧世界"被宣布出局了。

为了解释清楚自己复杂的想法，马克龙整整耗时一个半小时。他的思想游走于两个时而对立的角度。一方面，他在谈及郊区时就好像这是一个特殊领地，需要用特殊方法对待，比如国家当局帮助郊区居民找到实习机会，在幼儿园增加更多入学名额，设立日常安全警察队等。另一方面，他又反对完全的"政策特殊化"，以防使困难街区居民蒙受"污蔑"。同时，他还向大家保证，没有城市事务部的插手将更有利于国土平等团结事务部的运作。此外，马克龙还为郊区辩护，称其虽未要求"参与"，但共和国仍有它们的"位置"。总统的一位顾问对此解释道："对于马克龙而言，管理街区并不需要特殊政策，因为政府所制定的一切政策都应涉及街区管理。"

虽然马克龙此次没有提出新措施，但他宣告了一个"新节奏"。除了保证加快城市改造进度之外，马克龙还承诺此后"每两个月与市镇长及协会负责人会晤"。与此同时，也会设立相关委员会跟进各项措施实施的进度。谈及"激进化"街区问题，马克龙对此表示了重视，并指出打击激进主义的同时不能"谴责伊斯兰教"。就激进主义、种族主义以及排犹主义这些议题，马克龙曾多次发表讲话，但就目前来看，结果令他失望。

《费加罗报》2018 年 5 月 23 日刊

七国集团峰会召开　欧盟意欲共抗美国

　　本月 8 日至 9 日，七国集团峰会（G7）将在加拿大拉马尔贝（La Malbaie）举办。开幕式前夕，法国总统马克龙总结，此次峰会欧洲各方的策略就是在争议问题上决不妥协，共同对抗美方，同时避免与美方决裂。对于此次峰会，甚至有观察家指出不排除特朗普缺席的可能性。主要原因是此前美方发动贸易战导致各方关系紧张。

　　在接受记者采访时，马克龙表示自己希望在各项跨大西洋争议议题上，看到欧洲各方团结一致的可能性。同时，他透露在峰会开始前，他会与欧洲各方领导人先行举行一次会议。欧盟委员会主席容克（Jean-Claude Juncker），欧洲理事会主席图斯克（Donald Tusk）也会加入此次会议讨论。峰会六方包括日本在内团结一致，在伊朗核问题、气候问题、反对美国征收钢铝关税议题上，均表达了与美方的不同意见。

　　在一次新闻发布会上，马克龙与加拿大总理杜鲁多的对话中表示，虽然美国的行事风格众所周知，但说服美国"创造积极势头"也是众人的职责。他强调自己一直在试图说服特朗普，也表达了自己对于争议问题的明确态度与坚定立场。而且法国和德国等六国并没有准备为征得美国同意而放弃一切，毕竟相比较于美国，其余六国所代表的经济力量和市场份额都更大。

　　七国首脑会议自 1975 年创立至今，目的是推动世界主要经济体的国家或政府领导人共商全球重大问题及共同发展。但危机的性质不同。特朗普否认了建立在多方协商基础上的对话机制，对此马克龙明确表示"不能放任美国游离于此次商讨之外"将其推向"孤立主义"。因而在这一点上，此次七国峰会将是一次考验。不再信任世界贸易组织以后，对特朗普而言，捍卫美国利益不能仅仅通过双边交锋，必要时还需单边对抗。而欧盟作为世界首要经济集团，成了美国的首要目标之一。尽管如此，马克龙还是坚信无论是现在还是未来，欧盟在各项议题上都会团结一致。

《世界报》2018 年 6 月 18 日刊

法国"全民兵役制"大揭秘

本月 27 日，法国教育部部长布朗盖（Jean-Michel Blanquer），国防部部长下辖国务秘书达里厄塞克（Geneviève Darrieussecq）出席爱丽舍宫记者会，就即将实行的全民兵役制（SNU）进行解答，打消法国青年及其父母的种种疑虑。

法国国防部方面表示，这是一个绝对条件，可以确保所有人这一时期是真正"普遍的""平均的"。所以，全民兵役制从某种程度上来说是强制性的。也就是说，没有人可以避免服兵役。达里厄塞克也负责任地宣称，全民兵役制的目的是促进一个"比校园融合更加全面"的社会融合。因而，为期一个月的第一阶段——"团结"将是强制的。第二阶段在自愿的基础上可选择的时长为一季度，半年或一年。

布朗盖表示第一阶段是"最强有力的"。该阶段适用于 16 岁的青少年，并为他们提供食宿。据悉，这一阶段分为两部分。前 15 天集中进行急救知识教学以及筛查文盲问题。后 15 天将会在监护人的带领下以 15 人为小组进行实践活动。但达里厄塞克声言这并不是"服兵役"，即便军队会在培训、整编甚至住宿方面"发挥作用"。

布朗盖还表达了自己的期望，即最大限度地让更多的青年愿意继续第二阶段。对于 16 至 25 岁的青年，如愿意继续投身国防、环境、救助、文化领域，将会有一个非强制阶段。针对这一阶段也有一些多样且有针对性的吸引措施，比如为进入大学加分、增加学分等。当然，这也为以后求职丰富了个人简历。

经国防部证实，目前已经确定全民兵役制的年龄门槛为 16 岁。主要原因是该年龄段的青少年基本处在高二阶段，学期末没有考试，而且他们也足够年轻，可以在与军队脱离接触后及时标记追踪。因此，全民兵役制的强制阶段很有可能开始于 6 月，哪怕要缩短学年时长。法国当局期望能在 2019 年夏季开始试点实行全民兵役制。但实施之前还须修改宪法，确定预算。

《大巴黎报》2018 年 6 月 18 日刊

马克龙与默克尔就难民问题表达一致意见

在巴伐利亚保守派的压力之下，德国总理默克尔力求就难民问题找到一个"欧洲式的解决方法"。

这种情绪是和一种实实在在的担忧联系在一起的。在 6 月 19 日梅斯堡（Meseberg）的德法峰会上，法国总统马克龙表示，这是现今社会热议之下的一个选择，甚至是文明的选择。默克尔并没有说出豪言壮语，但从她频频点头的回应中足以观察到：在马克龙说到"真理的时刻"时，他们的观点是一致的。

这项"欧洲式的解决方法"的主要目标可以总结为：最大程度地阻止难民漂洋过海占领欧洲，并且在实行地中海的海上救援时，不选择通往意大利的那一条最经常航行的路。

分配难民是讨论中一个十分尖锐的点。德国内政部部长泽霍费尔（Horst Seehofer）希望驱逐已经在其他欧洲国家登记过的难民。周二，马克龙和默克尔准许了这一点，并解释说其目的就在于阻止那些已经在一个国家登记的难民周转到另一个国家，保证难民向有接纳能力的成员国的快速转移。

目前的问题就是如何与抱有疑问的国家达成一致，譬如希腊或者意大利，因为这些国家都不想接受从邻国过来的难民，并借口说其中大部分的难民是先在邻国登记的。另一方面，率先接收难民的国家，自认为难民已经过载，要求按照《都柏林协定》，把难民遣送回去。其他诸如波兰以及匈牙利等国家则并不想在分配难民上承担责任。

马克龙称，法国将为达成一个政府间的或者是多个政府和相关成员国间的解决办法而努力。法国和意大利在共同边界处已达成警署间的合作。马克龙表示，"他们想要协同合作。能从欧洲层面去解决问题固然更好，但是会很艰难。因此国家之间的合作是很好的选择。"

默克尔可能会于 7 月 5 日与匈牙利政治家欧尔班（Viktor Orban）进行会晤，此人是巴伐利亚保守党人的朋友，在 2015 年对于默克尔的接收政策还十分蔑视。

《世界报》2018 年 6 月 21 日刊

法国总理出访中国　推进各项经济大单

　　马克龙访华时隔六个月，法国总理菲利普继而对中国进行国事访问。这是菲利普总理上任以来首次大型国际出访。菲利普将于本周五抵达深圳，随后前往上海，最后在北京同中国国家主席习近平和国务院总理李克强进行会晤。据悉，这不是菲利普首次到访中国，早前还是勒阿弗尔市市长时，他曾 10 多次前往中国。并且，他还在 2013 年参加了法中基金会"青年领袖项目"。该机构于 6 年前由现任法国总理外交顾问卢力捷（Emmanuel Lenain）联合中方人士共同创立，旨在推进中法两国高层人才交流。

　　菲利普此次出访随行企业家约有 50 位，其中包括来自空中客车集团、法国电力集团、苏伊士环境集团以及 18 个初创公司的代表。其主要任务是推进落实马克龙一月份访华协商的各项协议，尤其是在核能、航空以及解除法国牛肉进口禁令方面。核能领域的后续协商涉及建立核废料处理厂事宜。法国新阿海珐公司 Orano 和中国核工业集团有限公司携手合作，计划在今年年末实现目标。近期，双方已就该项目签署了相关准备合同。第一台 EPR 核电机组也已在台山核电站投入使用。法方希望两国能就新核电机组的建设问题展开新一轮讨论。在航空领域，6 个月前马克龙拿下的 184 架空客 A320 巨型订单也还未正式签署。与此同时，法方也迫切希望中国开放市场，允许法国牛肉进入中国。马克龙访华结束时，中方允诺"6 个月后"解除禁令，此时应确保该承诺已履行，并且法国生产商确定已获得牛肉出口中国的必要许可证。除此之外，在中方引领人工智能领域之际，菲利普也打算着重强调法国革新。本着礼尚往来的原则，此次访问也为中国国务院总理李克强随后访法提供契机。而马克龙本人也曾承诺以后每年都会到访中国。

《回声报》2018 年 6 月 22 日刊

"国民联盟"① 主席勒庞：
将欧洲从欧盟中解放出来

本周一，法国总统马克龙将在议会两院联席会议上发表演讲，多位众议员已声明"拒绝参加"。对此，"国民联盟"主席玛丽娜·勒庞在接受采访时表示"总统用来表达自己的方式并无不妥"，只是担心他又要给大家描绘"自己代言的旧世界的轮廓"了。被问及国民议会第一年度工作总结时，勒庞认为他们已成功成为广大同胞在国民议会的发言人，并且她最自豪的当属对马约特问题的政治参与。"对待这块法国领土（马约特）一定要非常认真，它是我们的未来，"她说道。

关于此前总统竞选纲领中的两项政治体制改革方面的措施——确立比例代表制的比例以及减少议员数量，勒庞认为应该"均衡"。先前她考虑减少国民议会议员是因为设置了全面的比例代表制。但即便是数量的细微减少也会导致严重后果——乡村地区代表数量的暴跌。这种形式很令人担忧。

对于政府推迟扶贫计划，勒庞指责该做法"极度不公"。平民阶级和中产阶级的生活还在经受严峻考验，我们不能独自享乐。她认为"我们正在目睹一场有组织的法国贫困化"，"自马克龙上任以来，一路攻击退休人员、大学生，利用廉租房条例伤害残障人士，很快又要利用遗属津贴对付遗孀。是不是还会轮到孤儿们呢？"总之，扶贫计划的推迟是有悖于法国社会道德准则的。

---

① 原名"国民阵线"（Front National），2018年6月1日正式更名为"国民联盟"（Rassemblement National）。

被问及怎样看待近日默克尔收紧移民政策，严格限制入德难民和移民，勒庞分析这是由于德国右派民粹主义政党德国选择党（AFD）在选举中势头强劲而带来的多米诺效应。在她看来，这是一场巨大的胜利，这使得马克龙在欧洲又"孤单"了一些。倘若德国、奥地利与意大利三国均拒绝难民入境，当难民涌向法国，马克龙总统将是法国非法移民问题加剧的唯一负责人。此外，勒庞表示法国的选举模式与德国、奥地利和意大利三国不同，她并不会因为自己经常谈论这三个国家的三个右翼政党（德国选择党、意大利联盟党、奥地利自由党）取得的胜利而感到挫败。恰恰相反，她更多地感受到的是这种意识形态的胜利或早或晚会转化成政治上的胜利。而将欧洲从欧盟中解放出来的解放者是她本人以及意大利"北方联盟"领导人萨尔维尼（Salvini）、奥地利副总理斯特拉赫（Strache）。

《费加罗报》2018 年 7 月 7 日刊

法国希望利比亚年底举行选举

利比亚危机有关各方在巴黎举行的会议上达成协议，商定于今年12月10日举行总统和议会选举。为保证选举按计划举行，法国外交部部长勒德里昂（Jean-Yves Le Drian）于周一前往利比亚展开斡旋之旅，行程紧凑，在利比亚各地与各方权利代表人物相继展开会晤：在托布鲁克（Tobrouk）会见议会主席以及其他在米苏拉塔市（Misrata）有影响力的人物；在班加西（Benghazi）会见哈利法·哈夫塔尔元帅（Khalifa Haftar）等。勒德里昂表示，希望近几周发生的各种危机和冲突得以平息。

12月的选举充满变数，大量观察员以及利比亚活动家认为法国并不能如愿以偿。因为法国一开始就强人所难，这只会招致严重后果。聚集于巴黎的各方在选举上花心思是毫无裨益的，因为选举只会使权力倾向于其中的某一方，一个由来自不同城市的元老所组成的理事会。今年4月末，在阿贾比亚（Ajdabia）的一次会晤上，这一理事会宣布化为参议院。为了和部落重新建立历史联系，"参议院"要求重得议会的权力，并且保证在当前的混乱局面下，通过不同的议会，在的黎波里（Tripoli）和班加西（Benghazi）代表人民的势力，让权力发挥效力。迪日拉·莫纳姆（Drira Monaem）以此"参议院"的名义表示，只要军队联合起来并且选举顺利进行，让稳定的力量得以形成，这个理事会就会很好地行使其商议职能。

不久前，新兴运动"利比亚未来"（Libya's Future）的创建者塔毕塔（Abdulhamid al-Dabiba）表示，如果过于依赖部落，利比亚最后的下场会和也门一样。两年来，他为实现联合政府不断努力，以期改变国家，通过宪法，顺利组织选举活动。他还补充说，大部分政府因不作为遭到人们的指责。他表达了改变利比亚的愿望，同时也对法国所施加的压力表示怀疑和担忧。

《费加罗报》2018 年 7 月 27 日刊

面临挑战，菲利普力挺马克龙

上月 18 日"贝纳拉事件"爆发以后，法国总理菲利普审时度势，数度发声。虽然此次事件与菲利普并无直接关联，但他首当其冲，站在第一线，再一次为"贝纳拉事件"以及总统府对该事件的处理作出解释。

本周二下午，菲利普在国民议会投票现场，正面迎击，时刻为马克龙提供保护伞。作为总理，他恪尽职守，始终在为共和国总统保驾护航。面对共和党（LR）和共产党（PCF）的双重弹劾，菲利普力挺马克龙，声称这是在"伤害国家元首""限制国家转变节奏"。据悉，现场嘘声一片，他不得不提高嗓门，反复表明贝纳拉的行为只是"个人错误""阴险的中伤"，以及"巴黎警察局分派警员出动任务的安排失误"。同时他强调共和国总统并不是对议员们负责，而是对法国人民负责，而且马克龙也承担了这份责任。

菲利普如此捍卫马克龙，这一行为为他赢得了"共和国前进"党议员们的大力支持，他们多次起立为总理鼓掌。"共和国前进"党发言人盖里尼（Stanislas Guérini）称赞道："作为一名优秀的拳击手，他向我们展示了何时贴近围绳能够获得最佳弹回，并且能够带来有效回击。"

实际上，在时长二十多分钟的发言期间，菲利普小心谨慎，避开改革事宜。他保证："我们不会放慢步调，也不会放弃，我们会将计划执行到底。"此次议会停止了"贝纳拉事件"对"共和国前进"党的后续影响，也使得菲利普彻底将法国当局从此次风波中解救出来。

菲利普表示自己很开心那些支持弹劾政府的投票集中在多数党以

外，同时他不禁思考——大家最后要反对什么呢？可能是我们为促进经济现代化，为与多年顺从决裂而作出的种种改变？最后，他细数了共和党议员曾对多数党所进行的各项改革的支持，并希望这是宣布彻底结束的一种方式。

《费加罗报》2018 年 8 月 1 日刊

英国脱欧：英国首相特雷莎·梅求助法国总统马克龙

　　英国与欧盟还需在 8 月 13 日进行一次商议，但如果英国首相特雷莎·梅还想将其假期时间拨给意大利以及瑞士，那么留给法国的时间就很紧张了。据悉，她将在本周五晚到达法国总统马克龙在布雷冈松堡的度假处，与其开展工作会谈。特雷莎·梅将其假期搁置一旁，抓紧时间促进关于"脱欧"的谈判，是因为她仅有几个月的时间争取和欧盟达成协定，倘若没有这一份协定，英国有可能在毫无准备的情况下离开欧盟。

　　谈判结果的未知性引起了愈来愈深的恐惧。英国外交及联邦事务大臣杰里米·亨特（Jeremy Hunt）反对英国在双方未达成任何贸易协定的情况下"脱欧"，他认为英国的退出给欧洲带来的损失和给自身带来的损失是一样不可估量的。

　　对于特雷莎·梅"脱欧"白皮书中与关税相关的提案，欧盟委员会表示明确反对。但即便如此，特雷莎·梅仍决定越过欧盟委员会，直接说服各个国家元首。杰里米·亨特解释说最终谈判的结果取决于那些欧盟国家，因为那些国家在欧盟委员会里担任着职务。

　　前大使瑞克特（Ricketts）表示英国应该把力气花在谈判上，而不要一直想着诱导欧洲的领导人，因为他们是不会背叛自己的阵营的。即使特雷莎·梅一直试图迎头赶上，总会出现一些问题阻碍谈判进展，尤其是爱尔兰问题以及被牵连其中的欧洲法庭。

　　对于特雷莎·梅签订的协议，预计部分保守派会投反对票，但这并不表明她会失败。此外，即使特雷莎·梅在此处碰壁，也并不能说明谈判将毫无结果，因为她会继续去拓宽谈判的路子。

虽然特雷莎·梅试图通过官方谈判的途径来和各国元首们进行直接对话，英国和欧盟是否能够达成协定并平心静气地对待"脱欧"问题仍难以预料。

《费加罗报》2018 年 8 月 3 日刊

法国总统马克龙遭受右派质疑

调查显示，"贝纳拉事件"发生后，法国总统马克龙对于右派的吸引力有所下降。那些在共和党（LR）或者中间偏右派（centre-droit）中对于马克龙表现出好感的选民代表，并没有像之前那样，在危急时刻去争先恐后支持马克龙；那些政府中的共和党"叛徒"，则被指责没有冲到前方作出自己的努力。

自 2017 年 5 月当选以来，马克龙就一直在努力维护与右派的关系。但是根据 7 月 24 日《观点报》上 Ipsos 公司所做的调查，仅在一个月中，马克龙在共和党中的支持率就下降了 9 个百分点，仅达 34%；在另一项由保守派周刊《星期日报》委托 Ifop 公司所做的民意调查中，他同期失去了 8 个百分点，支持率为 39%。这两项调查进行的时间一个是在"贝纳拉事件"发生一周前，一个是在事件发生当周。Ifop 公司民意部门主任杰热姆·福尔柯（Jérôme Fourquet）揭露道，其实在"贝纳拉事件"之前，马克龙的支持率就已经下降了。

支持率的流失与马克龙在"贝纳拉事件"中的缄默态度紧密相关。尼斯市市长克里斯蒂安·艾斯托（Christian Estrosi）在推特中指出，"对于'贝纳拉事件'，法国民众想要知道到底是怎么回事……但是在这种情形下马克龙竟然保持沉默，这会使大家把他当作帮凶，认为他也有罪。"

共和党也想利用此次机会来获得更多的权力。共和党议员艾瑞克·西尤提（Eric Ciotti）指出，"马克龙将再次和共和党党魁瓦奎兹（Laurent Wauquiez）面对面，可以肯定的是，所有的人都会反对马克龙。在国民议会上我们就目睹了左派和右派对马克龙提出的弹劾议案。

现在马克龙的目标就是把他们都毁灭。"

法国讽刺性报刊《鸭鸣报》揭露马克龙一直以来都在维护和右派的关系。8月2日，马克龙在爱丽舍宫会见了共和党中和他同一阵线的市长们，如波尔多市市长阿兰·朱佩（Alain Juppé），尼斯市市长克里斯蒂安以及图卢兹市市长让·卢克·姆登（Jean-Luc Moudenc）等，共同商议大城市的未来规划。

然而姆登并不认为关于设施以及规划的讨论在2019年夏季之前能得到开展。他认为到了那个时候，"'贝纳拉事件'已经很遥远了"。

《世界报》2018年8月14日刊

法国环保部部长于洛辞职，遗留核能、交通法等热门议题

　　法国环保部部长于洛突然离职，接任者面临众多复杂的遗留议题，随之而来的各项仲裁也显得无法确定。

　　其中，在政治层面上最易引发争论，在日程上最棘手的当属核能走向问题。接下来的几周，法国政府必须公示"能源多年计划"（PPE）公文，同时以书面形式正式明确相关核能战略。这也将为随后关闭费森埃姆（Fessenheim）等核电站核反应堆作准备。据悉，于洛曾希望当局能按该计划于 2030 年将核能用电比例下调至 50%。而这一期限或将延至 2035 年。此外，当局似乎已抱定决心，期待弗拉芒维尔第三代核反应堆（EPR）的运营。新任部长德吕吉（François de Rugy）除了要坚持上述计划，还要助力提升可再生能源使用比例，以及处理燃煤发电厂关闭事宜。

　　其次，上个春季就已经公布的《交通基本法》（LOM）改革法案，本应使法国切切实实地重新思考接下来几十年的交通结构。然而它已经"迟到"了许久。目前，该法案只处于最高行政法院审查阶段，内阁会议审查不会早于十月。主要内容并不涉及高速公路等大型基础设施相关的棘手问题，而是期望发展各类"温和交通"方式（步行、骑行、电动交通等），目标是减少温室气体和细微颗粒物的排放。关于这一议题的相关公告本应于周五实施，最终确定已推迟。

　　据悉，将于年底在波兰举行的第二十四届联合国气候变化大会（COP24）前景复杂。2015 年《巴黎协定》制定了各项具体措施，预计在本世纪末能够将气温上升控制在"2℃范围之内"，相关工作本应已

开始实施，然而初步协商毫无进展。法国自视为"推动者"，却已无力达到自己所确定的"限额"。在此情况下，年末必须修订《全民低碳战略》（SNBC）的行为显得比较"冒险"。除此之外，在保护生物多样性方面，于洛也作出了郑重承诺，拯救濒危动植物，比如乡村地区的蜜蜂和鸟类。德吕吉是否会落实各项措施成为疑问。

《费加罗报》2018 年 9 月 5 日刊

法国共和党议员勒泰洛：悄无声息而又有条不紊地"进军"

本周六，法国参议院共和党（LR）党团代表兼任政治俱乐部"共和力量"（Force républicaine）主席布吕诺·勒泰洛（Bruno Retailleau）以个人名义组织了一次政治集会，主题为"右派与自由"。几个月以来，大家对他的看法有了转变：他不再是"第二位"，也不再是忠诚的"菲永主义者"。勒泰洛本人也意识到了这一转变。如今知识分子都说：他是唯一还在战斗的人。他的每次发言，右派的选民都会认真倾听。

《费加罗报》透露，勒泰洛在他的办公室里，明确声称这是"我的"活动，而不是"我们的"，他认为他有"自己的自由，思考的自由"。这其中传达的信息很清晰：勒泰洛坚信一定有一条道路可以带领他们的队伍前往法兰西斗争的核心，重新夺得权力。

不过，勒泰洛认为，共和党人远没有准备好。他时刻在担忧着：该给法国人建立什么样的观念？该怎样团结起来？只靠击垮马克龙来获得新的契机是不够的，要强大起来，团结起来，但不要偏离了轨道。他坚信右派并没有分裂。

对他来说，"共和力量"并不是在他指导下进行竞技的"选手"，也不是"武器"，而是一张"王牌"，能够引领那些之前对政治丧失兴趣的法国人重回"政道"。他也解释这并不是发起了一项反对沃基耶的运动，也不是他的目标。他承诺绝对不会针对沃基耶，也不会和巴黎大区议会主席瓦莱丽·佩克雷斯（Valérie Pécresse）针锋相对。他只是在表达自己的观点并且进行辩护，而且认为这是每个法国人想要的。

勒泰洛悄无声息地前进，但并不是毫无章法。下一个政治集会的主题是"社会模式",是"共和力量"在领土上的"组织化",在阵地上的转移。他满怀激情:"在这项计划中,必须确定的是右派必须在意识形态领域重新团结起来。"

《费加罗报》2018 年 9 月 8 日刊

法国总统马克龙：仰赖亲信团

"贝纳拉事件"之后，法国总统马克龙试图对爱丽舍宫进行整顿，第一步就是在明年之前重新安排对外沟通的岗位。

据悉，马克龙一直缺一位能帮自己发言，并且能 360 度全方位关注自己行为的负责人。在此背景下，爱丽舍宫发言人这一职位将会被取消。目前担任这一职位的是前记者罗日·博迪（Bruno Roger-Petit），他将会卸任以担任办公室顾问。因此以后遇到类似事件，届时谁会代表爱丽舍宫发声，仍不得而知，不过相关回应应该依然来自对外沟通部门。与此同时，媒体服务部门也在整改中，马克龙甚至还在周一的晚宴上建议联络员菲利普·格朗（Philippe Grangeon）加入爱丽舍宫，但此事并无下文。

事实上，这一整顿并不新奇。法国历任总统在上任之初都会改组队伍。萨科齐在上任十月之后就撤销了大卫·玛蒂侬（David Martinon）的发言人职位；奥朗德在上任两年之后也改组了对外沟通部门，并且将这系列工作全权委任给了加斯帕德·冈特（Gaspard Gantzer）。对此，奥朗德的前任对外沟通负责人说："当身处窘境，进退两难时，总统们的第一反应往往是责怪他们的对外沟通部门，而不是反思自己的决策。去责怪媒体可能会有所成效，但并不会解决其政策所带来的问题。"

马克龙主要还是依靠那些在"贝纳拉事件"当中或多或少帮助过他的人。例如在关键性职位上的伊斯迈尔·埃梅里安（Ismaël Emelien）、西贝特·恩迪亚耶（Sibeth Ndiaye）、希勒万·福尔（Sylvain Fort）、斯蒂芬妮·塞茹尔内（Stéphane Séjourné）等，他们在马克龙遭遇危机时，组建了"战斗"办公室。而此次对于沟通部门的整顿也只是爱丽舍宫大整改的一部分。为了解决在服务部门中出现的问题，马克龙还要求总统府秘书长科勒（Alexis Kohler）列出所有的建议，希望爱丽舍宫的运转变得更加高效。

《费加罗报》2018 年 9 月 11 日刊

法国前总理瓦尔斯宣布竞选巴塞罗那市市长

经历了几个月的传言和猜测，法国前总理瓦尔斯（Manuel Valls）终于在周二晚上公开表示自己将竞选西班牙巴塞罗那市市长。他表达了对巴塞罗那的喜爱，并希望能够成为下一任市长。法国前总统奥朗德在任期间，瓦尔斯曾被任命为国家总理，后来又当选"共和国前进"党的议员。据悉，西班牙大选将从 2019 年 5 月开始，此次参加竞选的声明意味着他将舍弃在法国的议员职位。

不过，法国政要在另一个国家参加选举——这事前所未有。瓦尔斯的拥护者勒甘（Jean-Marie Le Guen）为其辩护称，"这是一个有理可循的选择，在本质上，这是欧洲的承诺，是一场对抗分裂主义的战役"。前国务秘书梅阿黛尔（Juliette Méadel）则认为瓦尔斯勇气可嘉，敢于打破自己的舒适区。这位前总理曾在各个职位之间游移，在法国已经没有了施展拳脚的余地，在法国的政治生涯中屡遭挫败后，胸中怀有的骄傲让他仍希望咬着牙在西班牙振作起来。

对于瓦尔斯来说，想要在联合主义以及独立主义中开辟出一条路，最难的就是树立威信。一个法国人该怎样去治理一个西班牙城市？一名熟悉瓦尔斯的女性政客总结道，这是他的一场赌博，结局要么功成名就，要么满盘皆输。即使巴塞罗那是他的出生地，是他姐姐的长居地，他自己又是西班牙巴萨球队（Barça）的粉丝，他获选的机会仍比较渺茫，但也并不是说完全不可能。

巴塞罗那自治大学政治学教授巴尔托梅斯（Oriol Bartomeus）认为，瓦尔斯是以维护西班牙统一以及宪法秩序的形象出现在西班牙的，但为了吸引更多的选民，他稍稍改变了自己的策略，将自己的言论主题放在巴塞罗那的强大上。他还评价瓦尔斯，"如今作为候选人，他很有自己的想法，经济上的政策也很友善，但仅仅这样是不够的"。

政治专栏作家约瑟夫·拉莫内（Josep Ramoneda）则认为，瓦尔斯还是会在另一个平台上去实施马克龙的战略，只不过他自己不是马克龙，巴塞罗那市市长这个职位也不等同于法兰西总统。

《回声报》2018 年 9 月 26 日刊

"共和国前进"党：决战民族主义

距离欧洲议会选举还有八月之余，法国总统马克龙及其支持者是否还能像 2017 年国内大选一样，与民族主义者进行"决斗"，在欧洲范围内制造"大爆炸"？为了与民主主义代表欧尔班（Viktor Orban，匈牙利总理），萨尔维尼（Matteo Salvini，意大利内政部部长）及玛丽娜·勒庞划清界限，多数派执政党的负责人们不断努力。

本周二，法国欧洲事务部部长娜塔丽·卢瓦佐（Nathalie Loiseau）在一次公民咨询会上警告大家提防"分裂与不尊重基本价值观"的风险。并提醒公民注意"个别领导人正在试图拆毁这个体系"。对此，法国社会团结与卫生部部长阿涅斯·布赞（Agnès Buzyn）强调，我们应该致力于建设一个更加团结，能提供更多庇护的欧洲。次日晚上，"共和国前进"党党首卡斯塔内也加入阵营，他在数百名军人面前公开声称欧尔班、萨尔维尼及玛丽娜·勒庞三人是"纵火者""欧洲的敌人"。据该党议员昂戈拉德（Pieyre-Alexandre Anglade）观察，进步主义阵营和民族主义阵营已经决裂，虽然萨尔维尼和欧尔班不再发表脱欧言论，但他们开始从内部破坏机制，企图分裂。他认为这是"极度危险的"。此外，马克龙本人也曾于周三在接受《日报》节目采访时将当前形势与 20 世纪 30 年代相比。

"共和国前进"党借此言论向其潜在同盟施压，卡斯塔内也在欧洲范围内编织着各路关系网，比如现任欧洲议会自由民主联盟党团（ADLE）主席居伊·伏思达（Guy Verhofstadt），西班牙中间派公民党（Ciudadanos），意大利民主党（Parti démocratie）以及荷兰四大政党中的两个。据悉，该党接下来也会加强与个别社会党甚至是德国绿党人士（les Grünen）的联系。虽然卡斯塔内的亲信断言"马克龙效应影响依然很大"，但在国家层面上，时至该阶段，协商变得更加复杂。可以确定的是，候选人名单全选选举制（le scrutin de liste à la proportionnelle intégrale）决定了入选席位之珍贵。而法国由于没有理想候选人，马克龙主义者们似乎已经不再重视欧洲议会选举首要候选人一事。不过，有部长确信人选应该是马克龙，也有议员相信是卡斯塔内。与此同时，欧洲议会也正在出台相关文件，规定议员的各项职责，例如尊重平等，廉洁奉公等。

《费加罗报》2018 年 9 月 28 日刊

法国共和党副主席雷欧内蒂：
政治不应阻止也不应纵容发展

本月，法国共和党副主席让·雷欧内蒂（Jean Leonetti）宣布"共和国人道主义协会"重新恢复活动，同时他表示大家必须给予支持。据悉，这项关于"人道主义价值观"的党内政治计划由共和党主席洛朗·沃基耶主导。

七年前，人民运动联盟（UMP，"共和党"前身）创立"共和国人道主义协会"，对于此番重新开展活动，雷欧内蒂在接受《费加罗报》采访时解释道，"对于共和国右派来说，人道主义是一项参考。自该协会创立之初，我们就认为必须对我们的根，即我们的价值观进行思考。现如今似乎也必须重启这轮思考。"而促使该党作出这项决定的主要因素是，当前欧洲面临解体危险，重拾人道主义这一行为合情合理。毕竟人道主义诞生于欧洲内部，曾是法国政治建设中的一要素。雷欧内蒂还声称要"进行一场必要的斗争"，对于这场斗争针对谁，针对什么，他表示这是为了人类的尊严，反对一些可能使民主变得脆弱的因素，比如宗教狂热主义。此外，还有移民潮，欧洲和法国对此都很担忧。

被问及如何在当前生物伦理问题多发的情况下理解这一计划，雷欧内蒂解释道，面对数字、科技革命，人类比以往其他时候都更要反省健康问题。之所以存在生物伦理法，是因为一切在技术和科学上可以存在的做法，对人来说并不总是合适的。我们需要促进的是对人有利的技术，而不是对人有害的行为。

对于这些发展是否超越了政治，雷欧内蒂引用了加缪的话："世界比思想发展得更快。"政治不应该阻止也不应该纵容这些发展，而是应

59

该支持进步而后掌控它。

最后，雷欧内蒂表示自己并不会领衔共和党参选欧洲议会，目前他的首要任务是重启协会计划以及围绕该计划的一些集中活动。

《费加罗报》2018 年 10 月 1 日刊

法国内政部部长科隆辞职　马克龙遭受打击

法国内政部部长科隆（Gérard Collomb）辞职，马克龙回归之后为重塑形象所作的努力再次白费。身为国家最高领导人，马克龙似乎还是很难掌控局面。科隆并不信任他，2 日晚上宣布辞职，在此之前，马克龙一直驳回其申请，但这一次，他不得不选择接受。在科隆离职期间，法国总理菲利普（Edouard Philippe）将暂时处理他的工作。

周三进行的职位交接，是一个超现实主义场景。几分钟的等待，既短暂又漫长，科隆双手交叉，独自一人在博沃广场的台阶上。当里昂前市长汇报过去六个月的工作情况时，菲利普总理一脸严肃，丝毫没有要和科隆进行眼神交流的意思。据悉，菲利普原计划于本月 4 日访问南非，但因科隆的辞职而取消了行程。

加上一个多月前，法国国家环保部部长于洛（Nicolas Hulot）在没有提前通知当局政府的情况下，宣布辞职。此事对马克龙来说堪称"凌辱"，因为他一心想要掌控节奏并一直对外宣称政府团结一心。

科隆辞职，带来了新的国家层面的危机。几周以来爱丽舍宫为了挽回形象所作出的努力付之一炬，总统的权威也因此被削弱。科隆此举对于马克龙来说无疑是巨大的打击。据马克龙的一名亲信透露，"这让他有苦不能言"。事实上，科隆在上个月 18 日就透露自己想要在欧洲议会选举之后，辞去内政部部长的职务，以便参加里昂市镇的选举。

对于代替科隆的临时人选，政府部门也进行了讨论，候选人包括公共账户部部长达尔马南（Gérald Darmanin），负责议会以及"共和国前进"党的领导人卡斯塔内（Christophe Castaner）。其中，达尔马南来自右派，是菲利普和萨科齐的亲信，这也意味着他不能够太靠近国家权力中心。爱丽舍宫的亲信表示他们不会轻易把职位托付给某人，除非他们百分百信任他。

总而言之，于洛辞职尚能够通过职位的交接来解决，但科隆的离开改变了整个政府的平衡。一名爱丽舍宫的人员抱怨爱丽舍宫大规模的改变，并表示："我们仅有 18 个月来进行改革，现在必须推选出精英团体。"

《世界报》2018 年 10 月 4 日刊

法国社会党：出发与可能的回归

当选半年后，法国社会党（PS）新书记奥利维耶·福尔（Olivier Faure）度过了一个极其艰难的周末。周六，福尔在巴黎举行的全国理事会会议上指出："有人说对于左派，民粹主义成了另一条道路，但是民粹主义绝对不能成为左派。"

社会党内国家领导层的重新洗牌，使得前总统奥朗德，社会党第一书记玛蒂娜·奥布里（Martine Aubry）和社会党第一秘书康巴蒂（Jean-Christophe Cambadélis）的亲信们加入其中。对此，社会各界疑虑重重。据法国周报《星期日报》报道，德雷（Julien Dray）离开社会党，似乎是为了加入欧洲议会议员马睿尔（Emmanuel Maurel）和参议员玛丽·娜埃·利蒙（Marie-Noëlle Lienemann）当中，这有可能是在给福尔施压。不仅如此，今年夏天，德雷表明要参加社会党的选举，不过这并没有引起人们的热议，因为本周塞戈莱纳·罗亚尔（Ségolène Royal）的回归更吸引人们的眼球。她向《快报》的记者表示，这不是她目前的目标，也不是她想要的，然而她的亲信表示并没有看到她明确的拒绝。周日，她的一位副官对《费加罗报》记者解释说，她只是不想成为社会党的备胎，如果她开始行动，那也只是和非政府组织合作，活动范围限定在环境革命中。意思就是说，她的活动会在社会党的支持下进行，并且不会对社会党有任何的背离。

参议院小组主席卡内尔（Patrick Kanner）以及议员卡乌纳斯（Luc Carvounas）对于罗亚尔的回归并未抱有敌对情绪。目前，福尔仍在拖延，继续与前部长接触并进行确认。福尔表示，他希望尽可能在社会党敏感话题的有关事宜上达成协定。但这并不简单……

罗亚尔的选择可能会挑起与奥布瑞（Aubry）之间的旧战。他们在2008 年社会党的兰斯国会（Congrès de Reims）上有过一场博弈，那一次，罗亚尔赢了。里尔市市长的亲信弗朗索瓦·拉米（François Lamy）对《新观察报》记者说："罗亚尔的回归将加速我离开社会党。"

《费加罗报》2018 年 10 月 15 日刊

马克龙进行政府改组，政治路线仍不动摇

内政部部长科隆辞职半月之后，法国总统马克龙于周二早晨宣布了新政府成员名单。其中涉及的议员数量众多，但这只是表面上的焕然一新，深层上并没发生变化。马克龙也早在两周之前就表明之前所坚持的政治路线不会动摇。此次改组有两点新变化：马克龙亲信卡斯塔内（Christophe Castaner）被任命为内政部部长；政治行政基础相对扩大。

在右翼方面，弗朗克·里埃斯特（Franck Riester）被任命为文化部部长，他曾是前总统萨科齐推动成立的护法机构 HADOPI 的法律报告员，共和党的前任干部，总理菲利普的亲信，同样也是经济部部长布鲁诺·勒梅尔（Bruno Le Maire）的亲信。他的到来也代表了对于塞巴斯蒂安·勒克努（Sébastien Lecornu）带领的温和右派的支持。至于左翼，纪尧姆（Didier Guillaume）被任命为农业部部长，出身社会党，之前是奥朗德的亲信，后来又是瓦尔斯（Manuel Valls）的拥护者，曾担任其竞选的负责人。

从政治派别的均衡来讲，左派、右派和中间派十分均衡。但这一次的马克龙政府选择了以下四人来代表社会公众：前国内安全总指挥部部长努涅斯（Laurent Nunez）——现被任命为内政部部长属下国务秘书；前达能高管瓦贡（Emmanuelle Wargon）——现被任命为环保发展部部长属下国务秘书；杜布瓦（Christelle Dubos），前社会工作者和国民议会经济事务委员会前秘书——现被任命为社会团结事务暨卫生部部长；帕尼埃-鲁纳歇（Agnès Pannier-Runacher），Compagnie des Alpes 的前副总经理——被任命为经济和财政部部长属下国务秘书。

一些过于谨慎且政治性不够强的前任官员，曾掉入一些陷阱，最终导致了他们离开，因此新上任的官员要避免落入这些陷阱。

《费加罗报》2018 年 10 月 17 日刊

法国政治生活融资为何频发调查事件

近几年来，法国人发现报纸杂志上多次出现政治生活资金调查相关事件。2015 年 3 月国民阵线就"政党通由法人非法融资"接受调查；2016 年 2 月萨科齐在比格马利昂公关公司（Bygmalion）事件中因"选举活动非法融资"受到指控；2017 年 4 月以来，梅朗雄所在政党"不屈法国"因"违反选举活动融资法"接受初步调查。对此，巴黎政治学院卡热教授（Julia Cagé）评价道，竞选融资的运行"不受控制"并且"虚伪"。这位法国前总统候选人阿蒙（Benoît Hamon）的前政治顾问还大胆声称："其实所有人都清楚竞选中有秘密资金。"

据悉，法官进行上述调查是依据 1988 年以来通过的相关法律。20 世纪 80 年代，时任法国社会党第一书记的埃玛纽埃利（Henri Emmanuelli）因非法融资被判刑，类似事件使得当局迫切需要通过一系列相关法律法规，如 1988 年规定政治生活融资可获得一项国家援助，1990 年开放私人资助并规定上限，以及明确私人资助只能作为竞选开销。

对于以上各种政党及竞选活动融资的公开调查主要涉及三方面：资金的使用，资金的来源，以及利用机构内部人员弥补资金源短缺的现象。而面对指控，梅朗雄揭露这些调查是针对其政治运动的"政治迫害"；玛丽娜·勒庞抨击那些"带有政治色彩的审判员"；而萨科齐的律师在 2016 年辩护称这是"卑劣的政治手段"。

后来，一些政党要求进行融资改革，因此，"民主联盟（MoDem）"党主席贝鲁、"法兰西崛起"党杜邦·艾尼昂联合玛丽娜·勒庞提出创立一个"民主银行"，旨在为竞选活动提供资金。该构思还曾被列入马克龙的竞选纲领中，但早已于去年 7 月份夭折。因为银行恐不能制定合适条款来决定是否放贷，这也可能会导致银行被指控优待个别候选人。就这一问题，卡热教授提出了另外的解决方案：她在《民主的代价》一书中建议，每年每个公民在纳税申报时给予政党一个价值 7 欧的凭证。对此，经济学家表示支持，认为这是一个"充满活力的平均主义体系"，因为它是"年度化的"；并且希望这个体系可以提供今后总统候选人的活动经费。

《费加罗报》2018 年 10 月 25 日刊

法国总理菲利普访越　意欲加强两国联系

11月2日起，法国总理菲利普将对越南进行为期三天的国事访问。此次出访恰逢两国建交45周年以及奥朗德推动两国建立战略伙伴关系5周年。据悉，与菲利普同行的有公共行动与财务部部长达尔马南（Gérald Darmanin），社会团结与卫生部部长布赞（Agnès Buzyn）以及数码事务国务秘书马祖比（Mounir Mahjoubi）。马提翁宫表示，出行代表团中有国会议员、科学家、世界文化的代表以及定居在法国的30万越南裔代表，将充分表现出两国在多方面的交流及协作。

访问首日，菲利普将在河内与越南国家主席阮富仲（Nguyên Phú Trong）进行会晤，随后出席当地一所法语中学新分校落成典礼。次日，他将前往奠边府战役（1954年）遗址，希望更多了解这场昔日法军败仗。25年前，法国前总统密特朗也曾对此地进行了历史性参观。在胡志明市，菲利普还将会见法国及越南青年企业家，分享其卫生事业以及创新计划。目前，已有3000名越南医生在法国接受培训。马提翁宫表示，双方将达成多项协议。毕竟对法国来说，越南市场潜力巨大。但现实"令人失望"：法国在越南国内市场份额不足1%，甚至不足德国的一半。越南的发展体系仍旧集中，法国想要打破与其各种关系隔阂的"野心巨大"。

然而事实上，越南近期已重新进行战略定位，争夺海洋领导权的野心日益膨胀，欲向更多邻国以外的合作伙伴敞开大门。而且，法国总统马克龙吹捧的"印度-太平洋地区轴心"现已成为越南外交的优先事项。此外，法国最近提出的尊重海洋法及海上通行自由的号召也获得了良好反响。今年8月，法国海军的船只在越南停留，空军也向越南派遣歼击

机和运输机，进行代号为"飞马 2018"的亚太访问。据悉，法国随时
准备在军事装备方面"帮助越南"。

《费加罗报》2018 年 11 月 2 日刊

"一战"停战百年纪念之旅：
马克龙重新征服舆论之路

　　11月4日周日晚，法国总统马克龙抵达斯特拉斯堡，开启了纪念"一战停战百年"巡访之旅。当地圣母大教堂的一场音乐会也拉开了系列纪念活动的序幕。爱丽舍宫称，马克龙与德国总统施泰因迈尔（Frank-Walter Steinmeier）共同出席了此次音乐会，主题是欧洲和平与阿尔萨斯-摩泽尔地区回归法国。

　　马克龙的此次总统巡访纪念活动前所未有。他要在7天内穿过2个大区，途径11个省，共计17个城市，最终于11日结束。届时他将在凯旋门前点燃无名烈士墓的长明火，并在百余名政府首脑及国际组织领导人面前发表演讲。在经历了"贝纳拉事件"、于洛和科隆意外辞职以及民粹主义抬头这些烂摊子之后，马克龙希望借由此次"纪念之旅"重新掌控各个领域。鉴于他正经历当选以来民意支持率最低的时刻，所以这次的首要目标是政治性的。

　　据悉，马克龙要访问"一战"战地旧址，以及一些遭受了"去工业化"打击的地区。他的到来也将为促进地区重新活跃提供契机。此外，行程中还将会见上法兰西大区地方议会主席贝特朗（Xavier Bertrand）等地方民选代表。马克龙经常被国民指责"太过傲慢"，贝特朗对此表示，希望总统"能够真正和同胞们站在一起，不要去训诫他们"。这也是马克龙此行的另一个挑战——挽救自己恶化的形象。不过在2019年欧洲议会选举的背景下，最大的挑战应该是欧洲。马克龙之前构建的一部分欧盟复兴的政治认同，几乎受到了所有候选人的抨击。所以此次选举也是他当选总统以来的首次考验。

据法国民意调查所 Ifop 调查显示，目前极右政党"国民联盟"（RN）的支持率为 21%，领先执政党"共和国前进运动"为 19%。上周，马克龙在《法兰西西部报》上郑重提醒大家警惕"民族主义瘟疫导致欧洲解体"以及"境外势力破坏"的风险。所以这次"纪念之旅"也是为了示意民众警惕法国国内的各类威胁。

《费加罗报》2018 年 11 月 5 日刊

法国"黄马甲"示威游行：当局表示
听到愤怒声，但改革方向不变

11 月 17 日周六，由于油价上涨及自身购买力下降，法国各地近 29 万人上街游行示威，表达他们的愤怒。到目前为止，此次游行已造成 1 人死亡，400 人受伤，其中 14 人是重伤。法国总理菲利普对此表示很遗憾。19 日，他在法国电视二台的"电视报刊"频道上回应"黄马甲"游行事件：政府已听到也理解民众的愤怒声，但并不会因此改变"良好的"改革方向。

总统的一位亲信透露，此次游行示威无领导、无组织，从周一早上开始就已在多地开展，这将马克龙置于"与法国人对立的危险处境"中。目前，政府似乎只等着"黄马甲"示威者们筋疲力尽，结束游行，让事情翻篇。因此，尽管当局保证"没有低估此次运动"，但人们仍判断这次示威事件还达不到爱丽舍宫以及马提翁宫的特殊对待级别。

事情发生后，多位部长们全天候接连在电视及广播电台上提醒政府勿忘"方向"，继续坚持。菲利普也呼吁大家不要忘记，政府早在周二的时候，就宣布拨款 500 万欧元来救助民众，帮助贫困家庭负担上涨的汽油税。但这些措施并没有达到安抚游行示威者的目的。对此，一位政府顾问解释道："石油价格的升高是压死骆驼的最后一根稻草，导致了矛盾激发。在此之前，早已积压了种种社会问题，引起民众不满。"

马克龙意图恢复契约型共和国，但在行动上，政府对于这一新的治理方式备感无力。一位议员认为法国离契约性共和国还相去甚远，必须重新审视方法，东山再起。前内政部部长科隆也这么认为，他在推特上呼吁，要尽全力去倾听公民的声音并团结他们，从而应对现在及未来的挑战。

目前,马克龙本人还未发声。菲利普回忆说:"2017 年,愤怒的法国人否决了其他所有的政治家,选出了马克龙。"时隔一年半,11 月 17 日的怒火是否会卷土而来抵抗总统,仍未可知。

《世界报》2018 年 11 月 20 日刊

法国市长大会在对地方民选代表与当局的不信任中开幕

　　11 月 21 日下午，几经犹豫后，全法市长协会（AMF）一行 20 余人最终决定前往爱丽舍宫与马克龙进行对话。会见前夕，第 101 届法国市长大会开幕，气氛沉重，争议颇多。而马克龙本人也食言，并未出席。据悉，马克龙此次邀请了数百名市长，但大多数人表示拒绝前往。对此，协会的副会长莱涅尔（André Laignel）认为，"不能拿糖果来引诱选民代表"。伊苏丹市市长嘲笑这种行为说，这就像"古时候封臣受到宗主国的召唤一样"。协会主席巴鲁安也透露，若是一场"讨论"，他是不会去的，除非是"谈判"。巴鲁安拒绝修宪，不同意实行居住税取消补偿方案等一系列措施。

　　此次会议结束后，当局要拿出解决方案，授权全法市长协会搭建谈判平台。九月末，全法市长协会、全法省民意代表大会（ADF）和法国大区协会共同组建了 Territoires unis（领土团结）联盟。巴鲁安表示他们将会在这个公共平台上一起工作。特鲁瓦市市长也补充道："我们希望有一个工作方法及规划，这个提议对国家来说是一个机遇。"这三个组织希望谈判者别无他人，在涉及领土内各个集体的各个议题上，都能和当局谈判。因此在谈判桌上，他们要驱逐目前政府进行对话的协会。法国城市联盟主席卡约女士（Caroline Cayeux）出席时表示震惊，因为有时候这些驱逐之中还伴随着威胁。卡约女士同时担任博维市市长，她认为全法市长协会并不能代表所有的市长，其他的协会也可以参与对话。对此，巴鲁安辩解称，这三个协会经普选产生，是为集体谋利益的，并不妨碍其他协会为集体谋这样或那样的福利，不过这些协会的代表性比不上他们。

接下来，法国当局和这三个协会的能力将面临两场考验：地方税改革以及宪法修订。虽然对于巴鲁安来说，中央与地方的关系引导原则并不复杂，但现实世界谈何容易。

《世界报》2018 年 11 月 22 日刊

法国 "黄马甲" 抗议活动：总统马克龙寻求方法解决危机

12 月 1 日周六，"黄马甲" 运动已经演变成一场规模空前的城市暴乱，法国总统马克龙参加完在阿根廷的 G20 峰会之后，一回国便采取相应的措施。他先后前往了惨遭破坏的凯旋门星形广场以及克莱贝尔大道，紧接着在爱丽舍宫召开了紧急会议，与会的有总理菲利普，内政部部长卡斯塔内，内政部部长属下国务秘书洛朗·努涅斯（Laurent Nunez），生态转型部部长弗朗索瓦·德吕吉（François de Rugy），爱丽舍宫秘书长科勒（Alexis Kohler）以及总理办公室主任希巴多·杜马（Benoît Ribadeau-Dumas）。

会议决定作出的回应涉及三方面，虽然前两项关于安全和司法的措施已在周日出台，但是 "黄马甲" 们仍叫嚣着下周六新一轮的游行。爱丽舍宫指出，马克龙希望卡斯塔内接下来能够好好部署，维持秩序。事实上，不止是巴黎需要做好安全工作，外省也充斥着暴力冲突。此外，司法部部长贝卢贝女士（Nicole Belloubet）也于周日前往巴黎法院，确保法官能够及时处置那些在动乱中被逮捕的示威者。她表示，在被逮捕的 372 名示威者中，有三分之二将会被起诉。

第三个方面涉及最复杂的政治力。马克龙要求菲利普接见 "黄马甲" 示威者的代表，"黄马甲" 团体也希望能够和政府以及各党派领导人进行对话，特别是 "国民联盟" 政党的玛丽娜·勒庞以及 "不屈法国" 政党的梅朗雄。而且，菲利普也将会见巴黎市市长安娜·伊达戈女士（Anne Hidalgo）。据悉，伊达戈已于周日在市政厅召开紧急会议。她认为以后谈及这次动荡所造成的损失时，所有人都会惊讶于它的惨重程度以及它所带来的威胁。

目前，爱丽舍宫驳回了个别人提出的恢复国家紧急状态或解散国民议会的提议。马克龙的回应将取决于多数派的态度，但是多数派已经出现了不同的声音：一些议员呼吁从源头上解决问题，延期执行提高燃油税的政策；其他人则希望好好考虑征收财富团结税（即"巨富税"，ISF）。在这场骚乱发生之前，"民主运动"党主席贝鲁曾警告马克龙，称"我们不能同人民作对"，现如今一语成谶了。

《费加罗报》2018 年 12 月 3 日刊

法国总理菲利普发表电视讲话，宣布燃油税等多项政策暂缓实施

"任何赋税都不应该置国家于险境。"2018年12月4日，法国总理菲利普发表全国电视讲话，宣布多项政策暂缓实施，以应对"黄马甲"抗议活动。菲利普宣布：原预计于明年1月1日开始实施的燃油税调涨政策推迟六个月；并且在此期间，将统一柴油以及汽油的燃油税。考虑到柴油对环境的负面影响，为减少柴油的使用量，会采取措施提高柴油价格；暂时不会提高非道路用柴油，尤其是公共工程公司用柴油的价格。

为了找到公正有效的配套措施，在所有利益相关方进行辩论之前，政府不会实施这些税收政策。据悉，辩论时间将从本月15日持续到明年3月1日。对此菲利普未作出更详细的解释，只表示在这段时间内如果没有找到合适的措施，政府将先施行，后调整。

除了税收，政府也在其他方面对"黄马甲"们作出了回应。菲利普表示预计于明年1月起实施的汽车相关技术检测收紧措施也暂时放缓，会在这六个月内找到合适的调整办法。这一措施让那些有旧车尤其是柴油车的人感到担忧，特别是在去年五月份汽车检测标准更严厉之后。

针对人民的购买力问题，菲利普同样承诺：电费以及天然气价格在讨论期间不会变动，也就是说今年冬天不会涨价。天然气的消费税本预计从明年1月1日起上涨22%，但是天然气价格与油价相挂钩，所以在接下来的几个月中，其价格不会上升；一直以来，每年夏天电价都会变动，法国能源监管委员会（CRE）上周向政府提议在明年2月上调至少

3%的电费，政府可依法在接下来的三个月内驳回这一提议，因此明年春天将会有一次商讨。

最后，菲利普总统邀请部长们把社会活动者以及地方的民选代表聚集起来，商讨出最好的方法（尤其是调动补贴之类的措施）来帮助背井离乡在外工作的人。总而言之，今天的行为回应了示威者的最初诉求，而且也应该有可能起到安抚作用。这也正是马克龙明确且强烈需要的。

《费加罗报》2018 年 12 月 5 日刊

法国回应国内抗议活动，
德国、比利时表示不安

12 月 10 日，继菲利普公开发言之后，法国总统马克龙发表电视讲话，公布了一系列措施，回应"黄马甲"抗议活动的诉求。马克龙此举是否达到目的尚未知，不过可以肯定的是，他的讲话成功引起了德国和比利时的恐慌。德国国内对此的反应让人始料未及，默克尔政府还没有发表正式看法，德国媒体发表的各类言论都指向德国和法国理念不同，会就此分道扬镳。

11 日，德国《世界报》（*Die Welt*）经济版主编格尔泽曼（Olaf Gersemann）发表了题为"法国总统把法国变成了另一个意大利"的文章，控诉马克龙的严重罪行。他认为马克龙应对"黄马甲"的行为"应该在德国拉响警报""马克龙不再是拯救欧洲和欧元区的盟友，而是一个危险因子"。文章还称，法国本来有机会挑战德国作为欧洲经济领导者的地位，现在恐怕要与意大利并列第三了，因为法国的财政赤字很快就会超过《欧洲联盟条约》规定的 3%。《南德意志报》（*Süddeutsche Zeitung*）虽然语气稍和缓，但对此也表现出了担忧。该报也认为马克龙此举是放弃了自己的"减赤"政策。德国作出这一系列反应主要是因为早在 2017 年法国大选时期，马克龙为了说服德国支持"重启欧洲"计划，特别是改革欧元区的计划，迷惑德国使其坚信自己的经济方针。而且，上月 18 日马克龙在德国联邦会议上激励德国人要更积极，渡过欧洲建设的"新阶段"。然而，时隔三周，他就公开与那些自己曾许诺割裂的旧惯例重建联系。但也有人对此表现出了宽容。德国著名经济学家恩德莱恩（Henrik Enderlein）在社交网站上声称德国在 20 世纪初进行哈茨改革时也没有考虑3%的财政赤字红线。德国前总理施罗德（G. Schröder）声援："实行真改革又要减少赤字，这要求太高。"

而在布鲁塞尔，欧盟各国领导人计划两天后宣布生效一项欧元区改革方案。受马克龙讲话影响，原本对马克龙改革的支持恐将不再。欧盟委员会对此反应谨慎，声明"在新措施正式公布之前不会作出任何评价"。而且欧盟委员会一直以来坚持要求意大利修改 2019 年预算草案，此时马克龙对"黄马甲"的回应无疑是个坏消息。还有法国竭力倡导的征收技术税（taxe GAFA）也蒙上了圈钱应付危机的意味。这让法国很难去说服欧盟内其他还在犹豫的成员国。与此同时，12 月 11 日，英国首相特蕾莎·梅向议会提交"脱欧"协议，希望其余 27 个成员国作出让步。据悉，她要与欧盟委员会主席、欧洲议会主席、德国总理默克尔、荷兰首相马克·鲁特等领导人会晤，但并不包括马克龙。

《世界报》2018 年 12 月 12 日刊

法国"警惕匪盗"反恐预警方案，启动"紧急袭击警报"级别

12 月 11 日周二晚上，法国斯特拉斯堡圣诞集市发生恐怖袭击事件，已造成 2 人死亡 14 人受伤。次日，法国内政部部长卡斯塔内（Christophe Castaner）宣布， "警惕匪盗"反恐预警方案（plan Vigipirate）警戒级别升至最高三级——"紧急袭击警报"状态。据悉，"警惕匪盗"反恐预警方案由法国前总统德斯坦于 1978 年提出，从 1991 年首次启动至今，历经三次修改。2015 年该方案开始联结军事力量，制定了"哨兵行动"保护任务。此前法国国内警戒级别一度下降为"有袭击风险加强安全"的第二级别。

卡斯塔内表示具体机制包括"加强边境管控，加强对全法所有圣诞集市的管控，避免发生类似事件"。同时，加大法国境内哨兵部署动员力度。正如法国总理菲利普所说，"警惕匪盗"预警方案将国家、企业和个人联结起来，使其共同加入一场具有警惕性、预防性和保护性的反恐行动中来。最高级别的确立是为了保证在恐怖袭击发生后立即采取应对行动。尤其要保证资金调用以及扩散各类能够保护公民的信息。诸如封锁住部分道路等补充和强制措施也可实行。

除了政府制定的警戒标准之外，市政及省级部门照惯例也会在大型公众活动期间调整保护措施。早在 2000 年时，斯特拉斯堡标志性的圣诞集市就已成为恐怖主义威胁的目标，此后每年的 12 月份该城市都处在高警戒状态。除了划定保护区域、设置路障、车辆限停、电车分段运行之外，治安武装力量及私营安保人员还会对行人进行搜身、行李搜查等随机检查。但是由于大家已习以为常，这些措施实施起来更像应付差

事。时间一长，人们面对恐怖主义威胁的警惕性也就逐渐下降。据悉，此次恐袭事件发生后，斯特拉斯堡已禁止周三举办任何大型活动，并且当地小学也已停课。

《世界报》2018 年 12 月 23 日刊

法国"黄马甲"抗议活动：
当局希望开启新篇章

相较上周而言，法国"黄马甲"抗议运动第六次游行的人数减少了近一半，但仍出现了种族主义、反犹主义等过激行为。不仅如此，游行者还对治安警察进行暴力袭击，法国总统马克龙和总理菲利普对此进行了强烈谴责。

22日马克龙在乍得进行访问时曾呼吁恢复秩序。他在法国BFM-TV电视台上表示，"国家显然会作出最严厉的司法回应，但目前重要的是维持秩序、平复民众、维护和谐，这是国家所需要的"。此前为了满足人民需求，平息群众怒火，马克龙已经宣布让政府支出100亿欧元来维持法国人民的购买力。虽然"黄马甲"抗议活动看似平息了，但当局并不会欢呼胜利。总统的一位顾问认为这件事不会轻易结束。即使在节日之后，游行没有卷土重来，当局的路线和方法也会发生改变。毫无疑问，政策方向取决于"大辩论"的结果，辩论一直持续到明年3月1日，给予全国人民充分的发言机会。但在等待辩论结果期间，政府要行动起来，既然之前就表明自己有改革的能力，那么现在就要证明此次政府推迟提高燃油税的让步行为并不会削弱他们的能力。

对于法国政府而言，虽然养老金改革被推迟到明年5月欧洲议会选举之后，2019年的第一季度形势依旧十分严峻。首先，政府计划缩减失业保险，预计到2022年共缩减30亿~39亿欧元。此外，关于对公务员体制进行大刀阔斧的改革，马克龙计划在其任期内裁去12万个公务员岗位，废除终身制公务员的招聘。无论是总统府还是总理府，他们都在协调社会中各种各样的诉求。然而，在对"黄马甲"作出让步之后，警察和公务员的反抗行为会更加激烈,护士以及高中生在假期结束之后也会进行抗议行动。

对此,23日菲利普在接受《星期日报》访谈时评价:"从事政治就像拳击运动,当你走进拳击场,你就知道自己是会挨拳头的。我挨了拳头,也会出拳。而且我喜欢这样。"

《世界报》2018 年 12 月 25 日刊

马克龙 2019 年关键性的七项改革：
退休、失业、公共机构等

"黄马甲"示威游行风波之后，法国政府确定重新推动各项改革
事宜。本周三即将召开的政府研讨会上，总统马克龙与总理菲利普将
确定 2019 年政府前期工作的重点。内容涉及各项领域，改革规模宏
大。

失业保险制度

马克龙重申，为促进持续性就业，将进行失业保险制度改革，将每
年发出的 350 亿欧元补贴缩减 10 亿~13 亿欧元。从现在起至 1 月底，
将会进行四次讨论，力求协调之后达成协议。

税收制度

"黄马甲"运动动摇了法国当局财政改革的良好势头。为提出合理
的税收计划，政府在今年第一季度开展了大磋商。与此同时，春季将继
续推进地方财政改革。取消前 20% 富裕家庭居住税这一措施愈发难以
坚持，而且支持法国人民 100 亿欧元购买力的举措仍有待落实。一系列
的预算将在今年五、六月份发布，改革措施涉及针对大型集团的减税措
施及如何节省国家预算。除此之外，剩下的难题就是技术税的征收了。

公共机构体制

全国大辩论是公共机构的涅槃之机。到目前为止，三项法案已被起草：宪法法案、组织法案以及普通法案，计划取消共和国裁判所，改革经济、社会和环境理事会（Cese），为修正案制定框架，禁止累计任期超过三届的现象，减少30%的参众议员人数等。

退 休 制 度

"全民退休制"将取代现行的 42 个退休机制。秉持着"等值欧元将赋予每个法国人同样的权利"这一原则，私营企业职工和公务员将按同一水平缴纳退休保险征摊金。这一体制将于今年末的欧洲选举之后公布，从 2025 年开始实施。

生 态 转 型

暂缓碳税上升之后该做些什么？这一问题将成为大辩论的核心。对于税收以及生态转型的研究将从例如"工作调动补贴"这类措施开始。马克龙宣布混合能源的占比将在 2035 年之前达到多年度能源计划（PPE）目标的一半，而非 2025 年之前。

公务员体制

公务员体制的改革计划本应在去年 12 月 10 日被送往工会，即宣布工会代表选举结果的前一晚。然而突如其来的"黄马甲"运动打乱了一切。法国公务部门事务国务秘书杜索普特（Olivier Dussopt）确定，1 月15 日工会将官方宣布选举结果，新代表们将对法律草案提出咨询意见。

普遍公民役

马克龙在竞选时，曾承诺要恢复"普遍公民役"（SNU）。这一制度要求 16 岁左右的青少年须进行为期 1 月的军事服役，第一阶段是半个月的集体生活，第二阶段是文化、国防、环境等相关的主题教育。但受"黄马甲"运动的影响，年末中学生游行示威时曾要求废除这一制度。

《回声报》2019 年 1 月 7 日刊

告全法人民书：马克龙欲更好地
开展下半段任期

    在"黄马甲"运动势头不减，政府改革受挫的背景下，为了"挽救"其后半段任期，法国总统马克龙效仿前总统密特朗以及萨科齐，于1月13日给全体法国人民写了一封信，拉开了"大辩论"的帷幕。

    辩论主要围绕四个门类：生态转型、税务、国家机构改革、民主和公民资格。不过马克龙保证讨论的内容没有禁忌，即使又涉及巨富税（ISF）的取消以及对庇护权的质疑；马克龙同样承诺政府会认真对待民众的提议，促进形成新的"国家契约"，规范政府以及议会的行为，更好地给法国在欧洲以及世界范围内进行定位，"化当前的愤怒为解决方法"。

    "黄马甲"运动引起了马克龙对失业问题的反思，他意识到解决失业问题是重中之重，创造就业首先要靠企业，因此要推动企业的发展。很明显，马克龙对一系列的问题敞开了大门，他认为这些问题"并不会使辩论枯竭，反而会成为辩论的核心"。同时他表示，公共支出降不下来，税收也无法下降。那么"要取消一些性价比不够高的公共服务吗？另一方面，要为满足新的需求而花钱增设新的公共服务吗？"

    在体制改革方面，"行政体系是否过于冗杂，是否需要加强分权？"马克龙对于法国宪法体制改革考虑得最多，其中涉及弃权票以及强制投票；对于参议院的角色，对于如何使更多的人受益于民主改革，马克龙也发出了疑问。

    对于移民这一敏感问题，马克龙也没有回避，在12月10日公布大辩论时，马克龙曾希望把移民问题设为其中一个门类，这让其亲信以及社会各界难以理解。最终，爱丽舍宫将移民问题放在了"公民资格"这一门类之下。信中，马克龙也提到："你们希望我们把每年议会提出的目标都设定下来吗？对于这一持续性的挑战，你们有什么样的建议？"通过开诚布公讨论移民问题，马克龙向这一类型的选民发出了信号。

《世界报》2019 年 1 月 15 日刊

法德签署《亚琛条约》携手共度风雨

1月22日周二，法国总统马克龙和德国总理默克尔在德国亚琛市政厅签署《亚琛条约》。这是法德两国继"二战"停战签订《爱丽舍条约》60年来的又一友好合作条约。两位领导人也希望借此条约向外界展示二人共同捍卫欧洲统一的决心。

默克尔指出："民族主义、民粹主义在各个国家日益猖獗，英国脱欧前所未有，多边主义在世界范围内备受压力。"我们处在一个独特的时期，如今应该对未来表现出更大的决心、更明确的态度以及更远大的愿景。

面对百余位受邀高官，马克龙强调威胁不止来自于欧洲外部，同样来自于我们的社会内部。"今后，我们共同的志向应该是让欧洲成为人民抵抗世界新动荡的保护伞，"马克龙如是说。其他欧盟成员国担心法德联盟会单方面强行执行自己的规则，对于诸如此类的担忧，马克龙回应称，一切以欧洲统一为首要目标。

据悉，《亚琛条约》包含7章共计28条协议，目标是紧密联结德国和法国两国议会。法国国内极左、极右政党控诉这是当局的阴谋，目的是削弱法国的主权。恰恰相反的是，议员们才是第一批被动员的人。

德国外交政策协会（DGAP）的政治学家德美斯迈（Claire Demesmay）提醒，两国之间的交流达成了一个解决方案，2018年1月22日起，关于加强法国和德国两国议会的合作正式开始，从德国联邦议会开始，而后是法国国民议会。据她称，两国议会之间有着系统的交流，集中在已取得的成果。议会表现出的决心让两国政府承受了一定压力。与之前《爱丽舍条约》不同的是，当年德国议员曾要求在批准前增加一条宣言，必须保证欧洲与美国的紧密联系。《亚琛条约》将顺利在 2 月份通过生效，两国议员也希望创建一个能够促进两国共识的议会。

《回声报》2019 年 1 月 23 日刊

移民问题：英法签订联合行动
计划抵制非法移民

去年 11 月和 12 月，超过 500 名非法移民冒着生命危险，坐着小艇穿越英吉利海峡，欲偷渡至英国。这些移民大部分来自伊朗，有 276 名到达英国海岸或附近海域，其他人则被逮捕或被遣送往法国。

为了处理这一重要事务，英国内政大臣贾维德（Sajid Javid）中断了其在非洲的圣诞假期，返回国内。此前，他曾表示要派出两辆位于地中海的皇家海军舰艇，前往英吉利海峡进行支援。

面对移民问题，海峡两岸的法国和英国相互推诿责任。英国经常指责法国没有决意驱逐难民，把难民留在了国内，法国对此也并未否认，只是优先解决地中海海域的难民沉船事件。上法兰西大区议会主席格扎维埃·贝特朗（Xavier Bertrand）呼吁英国要警醒起来，更加高效地对抗非法移民。而法国则要尽全力避免再次在加莱地区（Calais）整顿非法移民。

因此从年初开始，英国和法国两国的联合行动计划被提上了日程。本周四，法国内政部部长卡斯塔内（Christophe Castaner）前往伦敦会见贾维德，并签署该计划。本周五卡斯塔内会在加莱确认具体措施，同时在附近主持一个信息共享及合作中心的开幕式，两国人民会在那里交换信息且进行 24 小时全天候监控。海岸的防卫巡逻以及港口监视也会得到加强。据悉，当地居民对于非法移民的敏感及对他们的抵触构成了推动部署的核心。加莱也采取了更多措施来应对海上救援。

在该联合行动计划中，法方主要提供人力支持，英方则主要提供设备支持。去年年初，马克龙和特雷莎·梅在桑德赫斯特陆军军官学校

供的 20 架，整个阵风战斗机采购事宜将在未来几周完成。此前，一些非政府组织曾要求法国重新考虑对埃及的武器出口，原因是现如今这些武器被用来镇压人民。对此，马克龙坚持认为武器"仅仅出于军事目的被使用"。

《回声报》2019 年 1 月 29 日刊

欧洲议会选举：法国"黄马甲"组团竞选　出师不利

　　为参加 5 月 26 日的欧洲议会选举，法国"黄马甲"抗议者们提出"公民倡议联盟"（Ralliement d'initiative citoyenne）。时隔十余天，"公民倡议联盟"公布的十位候选人中已有四人宣布退出。该竞选团队以助理护士雷瓦瓦瑟（Ingrid Levasseur）为首，其余候选人也均是"黄马甲"运动的活跃分子。其中，排在第二位的杜尼（Côme Dunis）表示他们已经决定全面进军，除了游行、大辩论，还有政治选举舞台。虽然"黄马甲"的这份竞选名单话题频出，热度不断，但也面临诸多困难。既要学习竞选辩论又要应对来自"黄马甲"内部的批评言论。"黄马甲"运动的代表人物之一杜洛埃（Eric Drouet）认为雷瓦瓦瑟的竞选名单违背了"黄马甲"运动非政治的特性。

　　对团队自我定位的争论以及各种内部骚动，也阻碍了"黄马甲"竞选名单的确定。上月 25 日，竞选领袖雷瓦瓦瑟曾在法国电视二台的《政治节目》中明确表明立场：该联盟不属于任何一个政党，竞选名单纯粹而且仅仅是一个公民团体，聚集在一起是为全体法国公民发声。自此，各位候选人士的政治背景也纷纷见诸于各大网络平台。排在第八位的杜瓦耶（Marc Doyer）曾于 2014 年追随法国中间偏右党派"公民一代"（Génération Citoyens）创始人卡瓦达（Jean-Marie Cavada），2017 年转为"共和国前进"党进行活动。排在第二位的杜尼和第六位的索尔（Ayouba Sow），曾在 2017 年共和党议员议会选举中，为蒙塔日市市长多尔（Jean-Pierre Door）呐喊助威。排在第五位的拉佩罗尼（Brigitte Lapeyronie）于 2018 年 10 月加入法国右翼独立主义政党"法国崛起"（Debout la France）。随着政治运动的曝光，杜瓦耶和拉佩罗尼迅速退出了"公民倡议联盟"候选名单。

此外，"黄马甲"的此次欧洲议会竞选活动，首先遭遇了融资难题。全国竞选及政治捐款审计委员会禁止"公民倡议联盟"成立集体资金库。不过最大的阻碍还是来自团队内部的不和谐。最新消息称，此前意大利民粹主义政党"五星运动"（M5S）迪马约（Luigi Di Maio）会见公民倡议联盟竞选代表团的一事，在"黄马甲"内部引起了巨大骚动。雷瓦瓦瑟表示自己对此并不知情，并且认为会见为时尚早。一系列的矛盾事件也导致了另外两位候选人柯蒂耶（Agnès Cordier）和图里尼（Barbara Turini）的退出。虽然排在第四位的梅斯吉昂（Frédéric Mestdjian）认为这些沟通上的错误并不能阻碍他们，但名单人数离欧洲议会竞选规定的 79 人还相去甚远。

《世界报》2019 年 2 月 10 日刊

法国前总理阿兰·朱佩进入宪法委员会

2月13日周三下午5点，法国前总理阿兰·朱佩正式被指定为宪法委员会的一员。消息一出，众人皆惊。届时，朱佩将取代若斯潘（Lionel Jospin）。同样作为法国时任总理，若斯潘于2014年接任雅克·巴罗特（Jacques Barrot），进入宪法委员会。此前，朱佩曾两度担任波尔多市市长，长达20余年，任职期间政绩斐然。对于此次离任决定，朱佩表示已经过深思熟虑，并且确定不再参加2020年的市政选举。

2016年，作为法国右翼共和党党内总统候选人之一，朱佩不敌菲永，竞选失败后迅速亲近马克龙，团结"共和国前进"党。洛朗·沃基耶担任共和党主席后，朱佩还略微与共和党保持了距离。据悉，朱佩已经连续两年没有缴纳共和党党费了。

对于此次指定，法国国民议会议长理查德·费朗（Richard Ferrand）予以了高度评价，称朱佩为"国家和领土的伟大公仆"。费朗强调："阿兰·朱佩是一位富有公共决策经验的政治家。他懂得用真正的共和政体需求来确保尊重共和国宪法的基本准则和规章制度。"对于费朗来说，朱佩是代替若斯潘的第一人选。

关于宪法委员会的人选，马克龙还曾指定激进党参议员梅扎尔（Jacques Mézard）取代社会党人士夏拉斯（Michel Charasse），成为宪法委员会的一员。原因是担忧自己主张的"政治平衡"受到"富人总统"言论和"黄马甲"危机冲击。梅扎尔曾在马克龙新政府成立初期先后担任农业部部长、领土和谐部部长。

有权利指定宪法委员会成员的另一位人士，右派共和党参议院议长拉谢尔（Gérard Larcher），则倾向于皮耶。皮耶时任修宪委员会报告人，同时也是职业律师、法律委员会副主席。

不过，以上各项任命还须经过法国国民议会和参议院的法律委员会通过生效。程序简单，但足以显示政治平衡。

《回声报》2019 年 2 月 14 日刊

法国"大辩论":当局寻求出路

19 日上午,法国总理菲利普受邀在 Twitch 上参加了数码"马拉松大辩论"(Grand Débathon)。而就在几天前,他甚至不知道 Twitch 是个电子游戏直播平台。据悉,该平台用户多为 18~35 岁的青年。

此次交流活动经由年轻网络主播特拉弗斯(Hugo Travers)的油管(YouTube)频道播送。届时,菲利普将和九名部长轮流与这些有影响力的青年们进行现场交流。截至目前,对于马克龙为应对"黄马甲"危机所进行的意见征询,少有年轻人作出回应。除此之外,菲利普本周并没有其他关于大辩论的安排,但马克龙总统邀请了各省议会主席于 21 日在爱丽舍宫进行讨论。1 月 15 日以来寻访厄尔省(Eure)等多地之后,马克龙才得以休整,思考大辩论的成果。如今,这场协商已进行至一半,两位领导人深知必须在 3 月 15 日结束之前谋得出路。这应该是目前的重中之重。22 日,马克龙、菲利普以及大辩论的相关官员将共进晚餐,进行讨论。据悉,辩论题材数量庞大。截至 18 日,计划组织了大约 7435 个集会,其中已举行的数量达 3341。此外,超过 74 万份网上问卷已完成。各位部委办公室的工作人员也会紧盯总统推特(Twitter)账户的实时动态,不放过任何一条转发。一旦总统决定好好看看其中一条建议,相关议员就会准备好笔记。许多部长甚至为大辩论加班至周末。其中有人表示,总统要求他们认真考虑那些"未来十年会改变国家的建议"。

如何利用大辩论引发的深层思考?马克龙和身边的官员仍在反复磋商,目前还未作出任何决定。但个别决议将很快以法令或者法律草案的形式实现。一名部长表示,"还有很多工作要做,要和民众合作,探讨这 30 年来本应解决但仍反复的问题，例如公共支出或大刀阔斧的税制改革，完善直接民主等。"马克龙甚至打算组织一次全民公投，但具体情况仍有待确定。

《世界报》2019 年 2 月 20 日刊

法国国内"反犹太主义"抬头 民众期待当局出台相关计划

2月20日周三，法国总统马克龙出席了犹太机构代表委员会（Crif）的传统年度晚宴，当晚在场的大约有900名犹太人。众人都很希望见到总统，期待他的回应。这个年度宴会逐渐成为国家总统与犹太团体之间不可或缺的会晤，根据传统，总统（或者至少是总理）必须在现场发表讲话。

但多年以来，即使总统每年都和委员会代表进行会晤，"反犹太主义"一直是一个社会问题。2018年反犹太主义行为呈爆发态势，同比增加74%，且从今年年初开始有扩大的趋势，马克龙必须在这一特殊背景下进行发言。对此，委员会主席弗朗西斯·卡里法（Francis Kalifat）判断今年的形式比去年更黑暗。标志性事件：阿尔萨斯的克瓦申海姆（Quatzenheim）公墓场中，96个犹太人墓碑遭亵渎破坏。事件发生后，马克龙立即前往现场查看毁坏程度，并给予受牵连家庭帮助。同一天，他声明这些行恶之人的行为与法国精神是相违背的，政府将采取行动进行回应，会采取法律措施对他们进行惩罚。而且本周三发言时他作了进一步展开。爱丽舍宫曾表示马克龙会坚持工作到最后一刻，来不断润色他的演说内容。

"反犹太主义"猖獗至今，犹太机构代表委员会的诉求很多，其中目前最迫切的需求，就是把"反犹太复国主义"判定为"反犹太主义"的现代形式，使其同样接受法律的惩罚。卡里法主席劝告当局"不要让那些反犹太主义者通过混淆语言来逃避制裁"。遗憾的是马克龙和菲利普还是先后访问了以色列。即便很多议员，包括多数党的议员也希望对反犹太主义进行惩戒，马克龙仍旧进行了否决，他认为这并不是个好的解决途径。

不过，使用法律武器对反犹太主义加以制约最终被提上了日程。本周菲利普总理在接受法国快报（L'Express）的采访时表示，希望在夏天之前出台一项法律，用来遏制社交网站上泛滥的"反犹太主义"或"种族主义"的仇恨性言论。然而，司法部部长贝卢贝（Nicole Belloubet）认为，对于网络上传播的仇恨情绪，他们没有足够的法律武器加以应对。根据相关法律法规，这些言论也无法马上被撤走。因此，数字化监管也被放在台面上，成为"大辩论"的议题之一。

《费加罗报》2019 年 2 月 21 日刊

法国总统马克龙言语犀利
工会和雇主联盟反击

2 月 20 日，法国总工会（CGT）与雇主组织的关于失业保险的协商宣告失败，造成局势紧张。21 日，马克龙总统在爱丽舍宫会见各省议会主席时，对这一失败结果进行嘲讽，引发工会和雇主组织双方不满。据悉，马克龙认为现在的体制"很可笑"，人人声称要民主，而政府一旦放手，人们又会说，"总统先生，这真是太难了，您再拿回去吧。"政府又不得不重新介入。

面对总统的讥讽，法国总工会在周五的一份申明中回击马克龙，说他是"骗子"，是"玩弄手段的操纵者"；法国企业运动（MEDEF，原"法国雇主委员会"）主席德·贝济厄（Geoffroy Roux de Bézieux）也一反常态，用刻薄的言语进行反击，称马克龙为"国家的卑鄙小人"，"自己制定的规则，却要别人来承担"。原由是去年 9 月末，政府在雇工和雇员大会上提出政制改革时，对法国失业保险局（Unédic）关于失业保险的新协定进行了干预，发布了一份路条文件，文件目标让大家难以接受：一方面，在三年内缩减 30 亿~39 亿欧元的失业补助金，工会领导者们揭露说这是在剥夺失业者的权利；另一方面则是反对短期合同，这使雇主组织冷汗连连，害怕劳动力成本上升。

除此之外，马克龙的政治选择以及对于民众的态度，譬如 2017 年修改劳工法的指令，也使气氛变得更加紧张；还有一个根本性变动就是用与税收相似的社会公共税（CSG）取代雇员社会保障分摊金，即后来的失业保险金。

必须一提的是，雇主联盟以及工会联盟在失业保险方面并不能起决定作用。政府在其中的掌控点就在于，社会成员起草的失业补偿必须得到政府的认可。洛林大学的社会学讲师伊热勒（Jean-Pascal Higelé）表示，"如此一来，在商议中就会形成三足鼎立的状态"，而且"之前国家的监控还是隐性的，但在马克龙上台之后，就公开化了"。

　　各种社会组织是否会听从政府的安排呢？在目前这个阶段还很难决定。但是法国总工会和天主教工会联盟（CFTC）的相关人员已经表示不会放弃掌控权。

《世界报》2019 年 2 月 25 日刊

经济栏目

法国政府将推行结果义务以实现男女平等

正值国际妇女节，法国政府针对男女在企业中的薪酬不平等以及职场性骚扰与性别歧视等问题提出了一项包含 20 多种应对措施在内的议案，计划 3 年内消除目前高达 9% 的男女薪酬差距。法国总理爱德华·菲利普（Edouard Philippe）于周三会见工会与企业代表，详细阐述该计划。法国回声报（*Les Echos*）就这一计划的具体内容采访了劳工部部长米丽埃尔·佩尼科（Muriel Pénicaud），以下为部分提问总结。

此项消除男女薪酬不平等的计划主要包括哪些内容？

在薪资方面，尽管 45 年前，"同工同酬"这一概念便在法律中有明确规定，但时至今日，该原则并未真正实现，不平等现象依旧存在，这是各界人士都认同的。我们计划在 2022 年消除这一差距。这一计划很宏大，也是不可回避的。我们研究了许多可实现性强的方案，以期能改变现状。目前在法国，同一工作岗位的男女薪酬差距高达 9%，这是我们必须直面的问题。这首先涉及女性在社会中的公平问题，同时也涉及企业的竞争力。大量研究显示，男女混合比越高的企业越具有竞争力、创新力和吸引力。

打算从哪些方面着手实施？

首先要对薪酬差距进行规范化的评估。我们将会在现有薪酬系统中引入一款用于评估的免费软件，并将于明年率先在员工人数超过 250 人的企业中使用，一年后实现全面推广，其意义在于帮助企业预计消除差距所需的具体努力。每年通过协商，追补女性的薪酬差也是一项有待实现的目标。2022 年前，企业将有足够的时间来适应并遵从这项法规。逾期违规者将受到制裁。我们将用"结果义务"来取代现有的"方法义务"。

结果义务：以实现既定结果为义务。方法义务：以调用尽可能多的方式，努力但并不保证实现既定结果。（编者注）

是否会对现有的制裁机制作出调整？

会的，届时对于违反"同工同酬"原则的企业将会有更加严重的惩罚措施。我们将会就评定标准问题与工会和企业雇主进行讨论，同时增加劳动监察部门对企业在薪酬平等方面的检查，这项决定将于今年开始实施，从 1700 项逐步增加到 7000 项。

是否真的会公布违反规定的企业名单？

单纯的惩罚是不够的。我们希望实现企业透明。大众对于这一问题的敏感度上升了，今后在职业平等方面也将迫使企业对自身形象更为关注。我们要求企业在网络公布薪酬差距的整体数据，并向法国社会与经济委员会成员提交详细数据。鉴于上市公司应发挥其模范带头作用，我们也会同其领导部门就这一问题进行协商。同时也将对法国私营企业联合会（AFEP）、法国企业运动（MEDEF）的规定进行兑现，以期实现董事会每年一次以薪酬平等为主题的协商会议。

《回声报》2018 年 3 月 8 日刊

法兰西银行将向政府缴纳 5000 万欧元

截至 2017 年，法兰西银行（Banque de France）已连续 3 年保持税前净增长态势，盈利达 6000 万欧元，比 2016 年增长 8 个百分点。该行总裁表示，"如此稳固的态势得益于有效的货币政策，这让我们有机会向国家缴纳 5000 万欧元"。

此款项中，超半数资金来源于企业征税，其余则来自法兰西银行的股息。在税收方面，包括 2017 年第三季度法国向大型企业征收的 6.5 亿欧元的专项税收，其目的在于填补由于 2012 年取消 3% 的违法收入利润税而流失的 1 亿欧元收入。

法兰西银行总裁指出，2014 年起由欧洲央行提出的非常规货币政策事实上对经济活动收益带来了损害。根据传统，中央银行会主要从其发行的货币中获取收益，对货币享有"铸币权"，其收益随利率的上涨而上升。然而自从欧洲的货币政策作出调整以来，铸币带来的收入已经消失殆尽。

不过，两项全新的收入方式有效地弥补了这一缺口。首先是证券，特别是国债的发售。这一可观的收入途径得到各央行零成本的支持，其目的在于改变通货膨胀的局面。第二项举措是 0.4 的负利率，即商业银行根据其资金盈余必须向中央银行缴纳的部分。

2017 年，法兰西银行在这两项举措上都实现了盈利。其中证券购买增长了 2.9 亿欧元，并于年终实现高达超过 10 亿的资产收益。而负利率也主要通过银行存款的方式实现了等量的增长。需要注意的是，尽管各国家中央银行会按照其在欧洲央行的资金份额得到互惠性收入，然而除此以外的方式，例如各个国家在本国市场中的债券重购，并不能为其带来互惠收益。

这一系列严格的国家管控措施可以解释为何目前各国央行所面临的现状大不相同。例如重购德国国家债券的德国央行，其结果就不尽如人意。2017 年，德国央行仅赎回 2000 万欧元的利润。

《费加罗报》2018 年 3 月 13 日刊

法国公务员的购买力再度提高

政府并没有对由 7 个公务员工会发起的动员活动坐视不理。公共财务部部长吉拉德·达尔马南（Gérald Darmanin）周五在 Europe 1 频道宣布，"部分行业"的工资将会有"一定程度的上调"，如"护士或一些 C 类行业（最基础的行业——编者注）"。他补充说，作为工资基础的工资指数将保持不变。事实上，由于涉及 570 万国家公务员、医院工作人员和地区公务员，因此任何工资的上调都将不可避免地增加公共资金支出：根据审计法院的数据，工资指数每上调 1%，公共资金支出就将增加 20 亿欧元。这三类公务员每年的总工资接近 2900 亿欧元，占公共开支的 23%，因此政府对此极为慎重。

6 月份公共财务部和工会之间将就相关问题进行工资会谈，但法国国家统计局（INSEE）周五发布的数据显示，公务员的经济状况问题并非如工会代表所称那般严重。2016 年，全职公务员的净工资平均增长了 0.5%，而通货膨胀指数几乎为零，因此他们的购买力增加了 0.4%。不仅如此，在考虑通货膨胀的条件下，在职公务员的平均工资上涨了 1.4%。后一个指标更能说明问题，因为它反映了一个公共职能部门的在职职员在过去一年里购买力的变化，并且消除了一些影响平均工资指数的因素。

据估计，2017 年公务员的购买力将加速增长，增幅达到约 3%。2016 年 7 月和 2017 年 2 月，工资指数两次上调，幅度均为 0.6%。此外，职业改进议定书（PPCR）对职员非常有利，且近两年发展迅速。上任社会党政府已在恰当时机实施了对公务员有利的政策，但现任执政者上台后将其叫停，决定维持工资指标点不变，将 PPCR 的实施时间推迟一年，并且重设违约日制度（无薪病假的第一天），工会对此抱怨不已。

公务员在与私企员工比较时总会找到抱怨的理由。根据劳工部的数据，2015年和2016年，在不考虑通胀的条件下，企业的基本月工资上涨了1.2%，高于公共职能部门的工资涨幅。2018年的情况应该依旧如此。然而，从理论上说，公务员的工资并不低：2016年的平均工资达到了2230欧元，与私企员工的工资水平基本持平（2015年为2250欧元）。

《费加罗报》2018年3月24日刊

法国财政赤字率降低，终达欧盟标准

本周一，法国国家统计局（INSEE）公布的数据显示，2017年法国财政赤字率为2.6%，远低于此前政府与议会财务委员会预期。这是自2007年以来法国财政赤字率首次回落至欧盟要求的3%以内，无论是对总统马克龙本人，还是对政府所推行的预算政策而言，都无疑是一剂强心剂。此次利好表现，离不开国家政府、地方行政以及社会保障等各方的支持，同时也得益于健康的经济态势，刺激了国家与地方财政税收，并有效推动了国内生产总值的增长。

法国的这一良好局面使其在应对欧盟所推行的赤字政策时可以更加从容，同时也为马克龙欧元区改革计划的推行提供了保障。不过，经济与财政部部长布鲁诺·勒梅尔（Bruno Le Maire）表示，这一利好消息并不意味着要停止调整的脚步，赤字始终是赤字。"我们依然是入不敷出的状态，始终处在负债者的角色。对政府财政的调整是必要的，不仅仅是为了应对欧盟委员会，也是为了法国民众。只有国内经济增长态势良好，才能保证即使削减政府开支，也能够在国际大环境欠佳时不受影响。"

事实上，法国财政赤字率的起色并不代表当前经济前景大好。去年，政府征税率激增了0.8%，但公债仍高达国内生产总值的97%。同时，受原油价格上涨、公务员工资指数点提升等因素影响，国家支出亦上涨了2.3个百分点。尽管此前，政府预计财政赤字率约为2.8%，且这一数字会在未来两月内出现一定的回落，但考虑到就业竞争力公税

（CICE，Crédit d'impôt pour la compétitivité et l'emploi）下调，政府预计
2019 年财政赤字率将会攀升至 2.9%。

《世界报》2018 年 3 月 27 日刊

巴黎即将使用专属地区货币

2014 年 6 月，法国巴黎东郊地区蒙特勒伊（Montreuil）开始使用地区货币"la pêche"。如今，这一货币将得到官方认可，并于今年 5 月 12 日成为法兰西岛（即大巴黎地区，编者注）的通用货币。在此前的公开会议上，该项目负责组织 MoPPa（l'association «Une Monnaie pour Paris»）的主席之一卢卡罗谢特·伯龙表示，"许多工作，诸如向公众和企业进行推广、加强各个群体之间的联结合作等，仍亟待完成。不过，这一项目的意义是非凡的，它可以振兴地区经济，增进地区间的联结"。事实上，la pêche 并非法国唯一的专属地区货币。自 2010 年以来，便先后有 4 种同类型货币发行流通。

专属地区货币的出现承袭于地方交换体系（SEL）的构想，这不觉让人将其与 20 世纪 30 年代经济大萧条时期被创建的一些特殊货币相联系（如瑞士的 WIR 私人货币等）。不过，相关人士对此次 la pêche 的推行持乐观态度，并称其为"前所未有"。该专属地区货币的使用规则在各推行地区是相同的：消费者在指定货币兑换柜台将欧元兑换为 la pêche，并在合作商家处进行消费。商家在接收此类货币后，可以选择在合作供货商处使用，也可以以 3%~5% 的折损率兑换回欧元。之所以设定折损率，也是为了鼓励消费者和和商家可以尽可能参与到专属地区货币的体系中来。

然而该项目目前面临的最大挑战，是鼓励原先就已加入这一体系当中却逐渐对其失去热情的相关专业人士继续支持并使用专属地区货币。而调动各方积极性的前提，是要让他们了解到，使用新的地区货币，并不意味着物价的上涨。事实上，在某些地区，例如格勒诺布尔，与商业流通相比，市政服务行业内使用专属地区货币（例如图书馆或博物馆）反而更容易被人接受。

《世界报》2018 年 4 月 6 日刊

法国劳工部部长确定社会改革二号法案方向

以菲利普为首的政府与社会党代表进行了长达四个月的艰难讨论，对地方实施了强硬措施，终于完成关于社会模式创新的二号法案的第一部分。本周五，法国劳工部部长米丽埃尔·佩尼科（Muriel Pénicaud）已经提出了一份"为保证职业选择自由"的草案，其中包括失业保险、职业培训和学徒制度等改革。这份提案共 108 页，含 67 项条款，被最高法院退回修改后，现仍需交由议会通过。当局的目标稍微现实了一些：在秋季通过佩尼科的提案、放松劳动法案中对于企业的限制之后，仍要确保个人职业发展不受影响。

"我们不能满足于现有的制度，这个制度不能防止大规模失业，不能保护弱势群体免受缺乏竞争力或技能落后的影响，在这个制度下，找不到自身长处的中小企业也难以发展壮大，"劳工部部长解释说。目前，经济开始复苏，失业率高居不下，技能的缺乏已经成为就业者应聘时一个越来越重要的制约因素。而这种现象很有可能愈演愈烈：统计数据显示，未来十年，超过半数的行业现状会被彻底改变。

此次结构性改革旨在为就业者争取更多权利，使之获得适应当前挑战的技能，或者在其就业失败时为其提供更多保障或转行机会。为推动这一改革，佩尼科在措辞上不吝夸张，将其形容为"大爆炸""哥白尼式革命""深刻而严谨的系统改革"。而社会党对于国家重新接手培训系统持消极态度，认为这过于复杂且不够公开。工会代表米歇尔·博加斯（Michel Beaugas）则明确表示很有可能"爆发社会民主危机"。这种方案在那些已经废除学徒制的地区也行不通，与学徒制同样一去不复返的是 16 亿欧元的资金支持。

　　该法案于 4 月 27 日在部长会议提交后，又将面临一场持久论战。政府决定将其他文件也纳入法案，这使事情更加复杂。政府建议采取严厉措施打击短期工作欺诈，缩小男女薪酬差距，并促进残疾人就业。目前政府正在与社会党代表进行协商，其中一些措施将会在议会辩论时通过修正案的方式纳入法案。

《费加罗报》2018 年 4 月 7 日刊

法国经济部部长和预算部部长：
本年目标为减少政府负债

日前，法国经济部部长勒梅尔（Bruno Le Maire）和法国预算部部长达尔马南（Gérald Darmanin）接受了《费加罗报》的采访，谈论关于即将呈与欧盟委员会审阅的法国未来的经济发展规划。

经济部部长勒梅尔就"稳定计划"中的法国 2022 年实现 0.3% 的预算盈余提出了自己的看法，他认为稳速增长的经济是实现这一目标的保证之一。一方面，国际大环境形势乐观；另一方面，马克龙当选总统后，法国政府呈现出新面貌。这从数月来当局推行的各项改革中便可见一斑：劳动力市场改革，减收资本税，取消巨富税等。与此同时，2018 年将新增 25 万个工作岗位，这也从侧面反映出企业的健康发展。而法国对外出口贸易额预计也将上涨 4.4 个百分点。面对这一良好态势，法国应当抓住机遇。税收改革问题方面，勒梅尔表示，五年内实现税收率降低的目标是有望实现的。而降低公共开支也是刻不容缓的，特别是目前世界范围内随时有爆发商业战争的可能，法国必须首先保证自身健康的经济环境与增长态势，才能免受波及。与此同时，他还特别强调了负债对法国经济与国民生活的严重危害。他表示，降低负债率不仅仅是对国家经济负责，也是对子孙后代负责，同时也能重塑法国在欧盟内的形象。

预算部部长达尔马南则谈到了未来法国在降低公共开支方面的具体措施。由于去年在住房和劳动方面的改革颇有成效，今年，政府将在保证系统化和结构化的基础上，继续推行新的改革，而其覆盖面也将扩大到各政府部门之间。他强调，公共事业领域的调整，不是累进式的，而是彻底的，是要让那些无法适应当今形势的部分改头换面。就社会再分配问题，达尔马南则认为法国目前还不具备一个足够健康的经济环境来支撑再分配。虽然可以通过增加公共财政支出的方式刺激经济增长，但这一方式并不是法国政府所希望采用的。政府目前所实行的诸如取消2100万雇员和自由职业者的分摊金、上调最低养老保险金、2020年全面取消住房税等举措，实际上是在以通过刺激购买力的方式推动经济增长。政府绝不会只空想而不采取行动。

《回声报》2018年4月11日刊

马克龙欲在 2025 年前通过税制改革创造 26 万就业岗位

    马克龙周日接受了法国 BFM 电视台的采访，态度强硬。在采访中，他再次为自己将在秋天进行投票的税制改革辩护。"那些已经作出的决定，比如巨富税（ISF）等增值税的改革，其目的是什么？是为了留住人才，吸引人才，让他们能投资于我们的经济，"法国总统马克龙强调道。他曾多次表示，在他任期期间将对已采取措施的有效性进行评估。评估标准是什么？借助"国家改革计划"中的数字，我们可以对这些标志性的重大措施所带来的经济影响有一个大致了解。这份文件向法国的欧洲伙伴国解释了自去年夏季以来政府执行的政策的意义。在"税收"一章中有一段的结尾处写道："长期看来，所有的税收措施共计可以将国内生产总值提高 3.3%，创造 44 万个就业岗位。"

    短期看来，法国政府希望"到 2025 年时，国力能够逐步增强，国内生产总值（PIB）增长 1.6%，就业岗位增加 26 万"。据政府消息人士称，1.6% 的 PIB 增长中约有一半是企业税率下降（从 33% 降至 25%）产生的，就业岗位增加的主要因素则是 2019 年就业竞争力公税（CICE）规定调整，税费降低。这样做收获的效果是否与付出的努力相称？为达到这个目标数字，不同的措施花费的代价也不同。首先，有人想促进生产投资，即将巨额财产税（ISF）转化为不动产财富税（每年 32 亿欧元），固定资本税（每年 19 亿欧元），在四年内降低企业税率（111 亿欧元）。另外，还可以增加就业竞争力公税（CICE）的杠杆作用，持续降低长期税费，2020 年后此项措施的影响将可以忽略不计。政府还采取了其他支持购买力的措施，如取消了雇员社保分摊金和疾病分摊金（零成本），还取消了80%的家庭住房税（101亿欧元）。

最后，与欧洲其他国家相比，法国政府采取的税制要求法国的"资本税相对较高而环境税的发展相对落后"，因此政府上调了生态税，增加了125亿欧元的税收，其中包括烟草价格上调带来的14亿欧元。

《回声报》2018年4月17日刊

马克龙力求 1000 亿欧元储蓄目标

这个数字非常准确。政府向欧盟委员会提交的公共财政数据变化意味着在 2017—2022 年间要实现 1000 亿欧元的储蓄目标，议会预算总报告人乔尔·吉罗（Joël Giraud）在周四发布的一份报告中表示道。去年夏天，储蓄的目标金额约为 800 亿欧元。

"目标金额的调整并不是由预算政策方向改变或重新定位引起的，"乔尔·吉罗在财政委员会审议计划稳定性时强调，"其主要目标是为适应高于预期的经济复苏速度。" 2017 年的经济增长幅度为 2%，高于预期的 1.7%。直到 2019 年，经济增长速度可能均高于预期（2018 年和 2019 年的预期均为 1.7%，而 2018 年的实际增长将达到 2%，2019 年将达到 1.7%）。

这个数字并不意味着法国政府想要增加储蓄。首先要了解的是这 1000 亿欧元并不会造成公共支出的减少。实际上，这一数字表示在 5 年内公共支出占法国国内生产总值的比值下降了 4 个百分点，降至 51.1%，这是政府的目标。但这个指标的决定因素不止一个。在这种情况下，公共支出所占百分比下降可能不仅仅是因为节省了开支，也有可能是因为经济快速增长。这就是把储蓄的目标金额上调为 1000 亿欧元的原因。

影响积极但难以持久

良好的经济增长除了会带来统计数据的变化之外，还会给公共财政带来非常多的好处，但这只是暂时的。首先，增加的收入将更容易进入公共财政。其次，失业补助等一些取决于国家经济状况的开支将会自动减少。所以，预估的储蓄目标金额达到了 1000 亿欧元。

因此，在减少公共赤字方面，多数党不用费力劳心就可以比预期走得更远。另外，其在稳定计划中公布 2022 年将实现国内生产总值的 0.3% 的预算盈余目标，这与此前预计的赤字金额相同。自 1974 年以来，法国每年的财政状况均为赤字，因此马克龙的这一决定将具有历史性意义。

对于这个重大决定，外界评价褒贬不一。"从现在起到 2022 年，我们可以实现很多结余，但达不到现在宣称的金额，"公共财政专家、Fipeco 创始人弗朗索瓦·埃加尔（François Ecalle）说。公共财政状况扭亏为盈其实是经济财富不断增长，而不是结构性储蓄的结果。然而经济增长状况随时都可能变化，结构性储蓄虽然可靠但仍显不足。

《费加罗报》2018 年 4 月 19 日刊

经济增长与企业转型行动计划：或取消法国乐透彩和巴黎机场的私有化转型

　　由于国会公务堆积，无法成功提交最高行政法院，计划于今年第一季度交由议会讨论的"经济增长与企业转型行动计划"法案（la loi PACTE）再次被搁置，最早或于下月 6 日交由部长会议审理。财政部部长布鲁诺·勒梅尔（Bruno Le Maire）意图通过这份法案实现总统马克龙于五年任期之初所提出的税制改革，该项改革旨在促进经济增长，奠定欧洲式资本模式的地位。不过这一切都有待政府对私有化问题作出正式声明。

　　现任法国总统马克龙在其任职经济部部长期间，就曾考虑多个国有控股企业的股权让与，但没有得到时任总统奥朗德的支持。如今当选后，马克龙得到法国总理菲利普的支持，菲利普明确表示赞成国家股东减持，并计划利用因此省下的近 100 亿欧元资金创立基金会，以支持国家创新事业。经济部部长勒梅尔也经常谈到，一个国家没有必要通过成为股东来保证公共利益，只要调控得当就够了。在此前的电视采访中，他曾以巴黎机场（ADP）为例，指出目前巴黎机场所持国有股份大约为 90 亿欧元，每年为其带来 1.4 亿~1.5 亿欧元的固定股息。如果将其股份用于突破性创新项目开发、人工智能研究，或是数据存储研究领域，会更有效益。

　　然而，要想实现法案中提出的两项提案——将巴黎机场的国家资本降至 50%以下和促进国有资本占 72%的法国乐透彩（FDJ）的资本流通，就必须立法。然而，法国当局还在犹豫。爱丽舍宫方面也表示，"目前还没有作出任何决定，仍在考虑之中"。总统马克龙将在从新喀里多尼亚回国后的几天内就此作出决定。根据最新消息，总统目前仍然支持私有化，但如果他认为这样做风险太大，也不排除会放弃，他表示，"如果现在把私有化改革从行动计划法案中去掉，以后将更加复杂。这些决定是我们在任期之初作出的，而不是在任期最后"。

《费加罗报》2018 年 5 月 4 日刊

欧洲遭遇多方阻碍，经济复苏缓慢

2008 年 5 月，当欧元区还在庆祝第一季度 0.7% 的经济增长率时，没有人会想到 4 个月后，大洋彼岸美国的雷曼兄弟银行破产，将会掀起一场如此猛烈的经济危机。十年间的经济衰退、形势严峻的国家债务，都给欧洲造成了严重的影响——首当其冲的是年轻人失业（占就业人口的 15.6%）和居高不下的公共债务（占国内生产总值的 81.6%）。如今，经济状况已有所好转。"目前的经济复苏是可持续的，这是我们长久以来所期盼的，"国际国币基金组织前首席经济学家奥利维耶·布兰查德（Olivier Blanchard）总结说。经济分析委员会副主席菲利普·马丁则表示"消费和投资开始恢复，没有严重的不平衡"。根据欧盟委员会的数据，继 2017 年 2.4% 的增长率后，2018 年该数字预计为 2.3%。四年来，欧元区创造了 750 万个就业岗位，失业率由 2013 年初的 12.1% 降至 8.5%。虽然一直处于欧洲援助之下的希腊仍未摆脱困境，但西班牙和葡萄牙已经恢复了活力，芬兰和爱尔兰的状况也令人满意。

尽管经济开始好转，欧洲仍旧面临着重重阻碍：英国脱欧、欧洲与美国紧张的贸易关系、法国与德国之间仍未协调的欧元改革方案、布鲁塞尔没完没了的辩论等，都让人怀疑欧盟委员会那些"西装革履"们根本不关心国家的命运。一段时间以来，欧盟在运行上出现了一些问题：国家内部的差异越来越明显，体现在诸如城市和农村的工业发展和公共服务之间、高低学历人群之间、从技术革命中获益的人和被其抛弃的人之间。德国经济研究所 DIW 主任马塞尔·弗拉则歇尔（Marcel Fratzscher）指出，如今欧洲面临的最大问题是社会分裂。而社会党欧盟议员拜尔文什·拜尔斯（Pervenche Berès）则遗憾地表示，欧盟在共同利益方面做得还不够，并呼吁进行改革以加强团结，更好地预防危机。

《世界报》2018 年 5 月 16 日刊

欧洲面临老龄化危机

自 1938 年起，芬兰会为每一位准妈妈提供一个包含哺育新生儿所需物品的礼盒，意图鼓励生育。然而在 2016 年，芬兰人口却出现 148 年来首次负增长，这在提醒人们正在变老的同时，也预示着人口衰减危机。而在人口增长率几乎为零的意大利，情况则相对乐观：许多城镇通过超低价出售房屋的举措试图吸引人口回流，目前已初见成效，仅 2017 年就吸引了 10 万人口。实际上，过去十几年间，欧盟将注意力主要集中在摆脱 2008 年经济危机、清理银行系统、复兴经济等紧要问题上，而几乎忘记了另一个对经济有深远影响的重要因素——人口老龄化。巴黎索邦大学人口地理学专家劳伦·查拉尔（Laurent Chalard）表示，"由于平均寿命的延长与人口出生率的下降，欧洲正在迅速老去，就像所有的工业化国家一样"。据欧盟统计局（Eurostat）预测，在接下来的几年间，适龄的劳动人口数量将减少，如果忽略移民，整个欧洲人口将在 2060 年前减少 16%，因为现在的生育率无法满足人口更新换代所必需的速度。

然而，每个国家的情况也不尽相同。法国人口老龄化的速度明显低于意大利、西班牙和德国，而东欧的情况则更为棘手：随着东欧集团的解体，200 万人口自 1990 年起开始外流，占到该地区国家人口的近 5.5%，直到今天，许多波兰、捷克和匈牙利企业仍面临着劳动力的严重不足，导致经济发展滞缓。不过在西欧，老龄化却成为了推动经济的助力之一。法国那提西银行（Natixis）指出，近 30 年来，全球每年有 1/3 的经济增长依靠老年群体的消费支出，当年的战后婴儿潮一代，凭借战后"黄金三十年"积累了大量财富，如今已是花甲的他们，便能很舒适地安度晚年，并以另一种姿态投入社会经济活动中，其中旅游、医药和金融是三大主要消费市场。不过，这一情况毕竟是特例。无论如何，老龄化都会在未来给社会支出增加巨大的压力。为了应对这一状况，许多欧盟成员国已经着手改革，以保证现有退休制度可以维持下去。

老龄化对经济增长的影响是长久的。部分研究分析认为，人口下降或成为解决经济发展滞缓的机遇，甚至认为这一现象可以使人类在当今资源匮乏的时期调整消费格局。另一方面，考虑到个人经济状况的不断改善，老龄化所带来的劳动人口减少也促进了各个领域的不断创新。在应对这一问题上，国家与政府需要采取更多措施。仅延长退休年限是远远不够的。加强对老员工们的培训，使其掌握更多的工作技能也是很有必要的。或许接纳移民是另一条可行之径。提高妇女就业率也是值得考虑的，特别是在南欧地区，许多母亲为了照顾孩子而停止工作，即使有工作，也只局限在一些不稳定的工种。而这已不仅仅是在应对劳动人口减少的问题，同样也是实现社会男女平等所必须正视的问题。

《费加罗报》2018 年 3 月 24 日刊

不动产财富税：首次申报遇阻

  在取消巨富税五个月后，新立的不动产财富税即将开始实行。自即日起一个月内，为正确计算个人所需纳税额，不动产价值超 130 万欧元的业主需首次申报不动产财富税。多达 12 页的相关条文解释详尽，其中明确表示，新规所指"不动产"的范围既包括个人持有，亦包含通过实体公司或金融投资等方式间接持有的资产。业内人士表示，与之前的巨富税相比，此项新规既繁复又多元，需要纳税者以全新的目光去看待。而正因新规中仍存在许多不明确之处，此次申报的时间节点由原先规定的五月中旬延后至六月中旬。

  相比之前的巨富税，新立的不动产财富税在关注不动资产的同时，也考虑到资产滥用、可扣除性债务等问题。以往的合伙人共建资金（les comptes courants d'associés），即企业合伙人或股东共同投入的资金，如今也不可再被视为可扣除性债务，除非其主要用途并不会参与到税收当中。不过这一点始终难以判断，因为这一理念虽早在四五年前就基于对偷税漏税的考虑被提出，却由于自身的模糊性成为司法上的漏洞。

  同样的不明确之处也体现在出租型不动产方面。由于对所需报税项目进行筛查是一个极费时间的过程，考虑到巨富税时期推行的对办公用途资产的税收免除政策，有关人士指出不知新规是否会对此有所保留。现存条款中的许多模棱两可之处，在税法专家尚未发现之前，对纳税人而言或许利大于弊。待到相关政府公告正式通知后，或许一切都将更加清楚。

《回声报》2018 年 5 月 19 日刊

为应对特朗普欧洲构建自由贸易最后堡垒

面对美国的孤立主义，欧洲采取了前所未有的进攻态度以保护自由贸易。5月22日，28个欧盟成员国的贸易部长将确定欧盟委员会的谈判任务，以开启与新西兰和澳大利亚的谈判。他们也将正式批准与新加坡和日本的商业合约。

比利时方面有相关人士表示，"尽管各成员国之间存在差异，但我们的贸易政策仍是成功的，因为它一直在向前推进，而这种贸易政策仍然是比利时外交政策的支柱"。欧盟在建立之初就是一个广阔的自由贸易区。长期以来，贸易政策都是欧盟在世界舞台上立足的唯一手段：欧盟可以借此巩固伙伴关系，部署发展政策。直到今天也是一样，欧洲不断签订各种条约是出于经济和政治的双重考虑。

无疑，"特朗普效应"给了欧盟发挥其优势的机会。保护主义、贸易战威胁、直指要害的所谓谈判，特朗普的这些做法使美国的老牌伙伴国纷纷寻找新伙伴，而欧洲就是一个不错的选择。但特朗普政府的不可预测和蛮横也对欧盟28国的一致性提出了严峻考验。尤其在特朗普威胁对欧洲进口的钢铁和铝材加收关税之后，欧盟国家分成了两派：北欧、东欧、德国和意大利一派出口意愿强烈，支持自由贸易；而以法国为首的另一派则不太倾向于欧洲全面开放。

另外，中美之间的贸易战使局势变得更加复杂，中国同样也面临着遭受全面制裁的威胁。"如果多边体系崩溃，我们所有的谈判都将失去意义，"欧盟委员会贸易中心的一位专家强调。"我们应该利用当前的局势，让大家都回到谈判桌上。"总结起来就是：利用特朗普捍卫欧洲的在华利益，利用中国完成对多边体系结构的更新。三足鼎立的局势将突出欧洲的堡垒作用，但这种策略并不可靠，其作用也会因欧洲内部的意见分化而削弱。

《世界报》2018 年 5 月 22 日刊

法国严改：欲减少 300 亿欧元
公共事业支出

　　整个春季都沉浸在铁路大罢工的法国，入夏后将迎来新一轮公共财政支出领域的改革。月底前，总理菲利普将根据公共行动委员会 CAP 2022 提交的相关报告，宣布其在国家政策方面的深化改革。尽管改革的主要目的在于深入考察公共力量的介入方式，但同时也为实现降低公共支出 4 个百分点的计划寻求有效途径。根据 CAP 2022 相关数据推测，至 2022 年，国家公共支出将至少下降 300 亿欧元，事实上，在过去 10 年间一直寻求缩减开支的法国政府眼中，这一数字或许并算不上一笔大数目，因为奥朗德任职期间所提出的计划是 3 年内降低 500 亿欧元，而现任总统马克龙提出的则是 5 年内降低 600 亿欧元。

　　在过去的 40 年间，法国的公共支出一直呈现增长态势。如今，这一态势出现回落，这使得 CAP 2022 提出的降低 300 亿欧元的计划有了实现的可能。退休体系和失业与保障方面并未涉及当中，而调整力度最大的则是具有优先权、近年来接收大量投资的相关政治领域。不过，当局似乎对一些具体的计算结果并不是特别关注，他们表示，政策改革才是取得经济成果的前提。有关人士也十分看重"共和国前进"党在此次改革中所发挥的作用，并期待能够有好的结果，特别是在预算方面可以有新的建树。而该党内人士也表示，这一举措的首要目标就是让国家使用的每一分钱都更有价值。CAP 2022 承诺将会全面重视公共力量介入方式的模态与效果，在一些领域，例如公务人员的契约签订、公共视听改革等，已经有所行动。社会保障方面，讨论最多的则是补助金发放

138

的合理性与简化，以此确保当年的收入也可被算入参与计算的参考项中。健康与教育方面也会有所涉及。

《回声报》2018 年 6 月 5 日刊

法国启动私有化计划

在多次推迟原定计划之后，法国总统马克龙终于作出了决定：开启私有化的浪潮。目前有三家公司受到了影响：巴黎机场（ADP），法国乐透彩（FDJ）和法国气能（ENGIE）。6 月 12 日，经济和财政部表示，该计划将在未来的"企业成长与转型行动计划"法案中提交给议会。该法案则将于 6 月 18 日提交给下一次的内阁会议，国务院将在周二对此前被搁置的关于私有化的条款进行讨论。议会可能会在 9 月份讨论全部条款，并于 2019 年初通过。

经济部部长表示："国家的职责不在于代替股东去领导有竞争力的企业，因为股东们更有能力推动公司发展。"对于执政的自由主义者来说，"战略型国家"必须控制法国国家铁路或法国邮政等主要公共服务机构以及在主权、核能或国防领域活跃的公司，对于其他公司则没有太多禁忌。目前，法国国家持有巴黎机场和法国气能价值约 167 亿欧元的股份，法国乐透彩的评估价值约 31 亿欧元，其中国家控股 72%。出售这些公司股票的公共部分可以为国家带来共计约 190 亿欧元的收入。

政府希望收回资金以降低国家负债并转投创新政策

巴黎机场私有化让相关部长和官员绞尽脑汁，他们时刻警惕着不能重蹈此前高速公路私有化的覆辙（国家低估了授予的资产并失去了对费率变化的控制，导致通行费大幅上涨）。因此，巴黎机场的特许权使用费每五年可以在独立机构的控制下进行复查。其次，在法国乐透彩全部私有化之前，政府计划创建新的游戏监管机构，或从现有的负责监控

140

在线游戏的机构 ARJEL 中产生。此外，为了遵守欧盟对垄断企业实行严格公共控制的规定，法国国家还可以保留博彩业大约 25% 或 30% 的股份。但这个议题非常敏感，出于对可能滋生的洗钱和赌博成瘾等风险的考虑，一些官员认为将法国乐透彩的管理权转交给私人股东很不妥当。

《世界报》2018 年 6 月 14 日刊

代扣所得税：未来退休者成最大受益人

　　根据法国现行的纳税系统，纳税人的收入取得与完税之间存在一年的间隔，因此，在退休的第一年，其所要缴纳的所得税金额是根据其工作最后一年所领取的工资来计算的。通常情况下，退休金的金额要远远低于此前的工资——一名管理人员的退休金低于其此前工资的 55%，而普通员工则低于 75%，可即便如此，在现行纳税体系的要求下，虽然收入减少了，退休者依旧需要支付与此前相同的税金。不过对于即将在 2018 年底或 2019 年初退休的法国纳税人而言，情况则完全不同，因为自 2019 年起，原本存在的一年间隔期将取消，即个人所得税金额以当年收入为基准。因此 2018 作为"无税年"，对即将于今年年内或明年年初退休的纳税人而言可谓一大惊喜，因为通常情况下，退休前最后一年的收入往往是最高的，而他们可以不用像以往的纳税人一样被征收高额的所得税。从这一点上考虑，收入与退休金差额越大，"便宜"也就越大。

　　受此影响，原本计划于年内离职的人员或许会考虑工作至年底。因为退休金额往往低于原有工资，多工作一段时间也不失为一个赚钱的良机。退休人员遣散费依旧是不予征税的，毕竟在一生当中退休遣散费只领取一次，是被法国税务部门特殊对待的。而未来错过此次免税年的退休者，依旧可以以假换薪（monétiser leur compte épargne-temps），免税年最多可以按照 10 日假期来兑换，在计算所需缴纳税金时亦可少计算 1 年。不过尚未开始工作的年轻一代就不那么幸运了。除非通过继承的方式，可以免去一年的税金，否则他们是不可能享受免税年优惠的。

《费加罗报》2018 年 6 月 15 日刊

法国国家统计与经济研究所确认
2018 年经济增速将放缓

毫无疑问，法国的经济增长正在放缓。继法国银行之后，法国国家统计局（INSEE）于本周二确认了这一趋势。在其年中经济形势分析中，INSEE 发布了对 2018 年经济的首次评估，预估经济增长率为 1.7%，明显低于政府此前在提交给欧盟总部的稳定计划中所宣布的 2% 的预测。如果情况属实，这将会给 2018 年的预算执行和缩减公共赤字的实现带来困难。

然而 INSEE 拒绝危言耸听。"法国经济仍在增长，只是增长速度低于去年，"经济形势部门负责人 Julien Pouget 说。法国经济的疲软，实际上与日益多变的国际形势有关：石油价格，汇率变化，保护主义，西班牙、意大利的政治走向，英国脱欧……在这样的环境下，根据 INSEE 的预测，欧元区、英国和日本在 2018 年的整体经济增长都将放缓，只有在特朗普推行扩张政策下的美国将凭借 2.8% 的经济增长率在这场博弈中全身而退。具体来说，在第一季度经历 0.2% 的低增长率后，经济学家们预计，今年年底，法国的经济活动将重新活跃。第二季度的经济增长率为 0.3%，今年年底将稳定在 0.4% 左右。不过，INSEE 的专家们对这些经济数据的解读持审慎态度，有些指标其实是互相矛盾的。

至少，今年年底的经济道路似乎已大致确定。经济总结司司长 Frédéric Tallet 表示，"家庭消费和企业投资都开始复苏"。可与此同时也要注意即将实施的优惠的家庭税收政策（80% 的家庭的住房税降低，员工分摊金再次减免）。理论上，这些提高购买力的措施可以刺激消费，但不排除心理因素的影响。企业方面，INSEE 的预测令人放心。统

144

计人员认为投资将持续增长（继 2017 年增长 4.4% 后，2018 年增长了 3.1%）。在这种环境下，就业岗位可能持续增加，但增长速度要低于 2017 年。总体来说，2018 年将增加 18.3 万个就业岗位，2017 年的数据是 34 万。失业率将持续降低，但降低速度也将放缓。今年年末失业率将降至 8.8%，而这一比率在 2017 年和 2016 年分别为 10% 和 9%。

《费加罗报》2018 年 6 月 20 日刊

欧洲着手对美实施贸易打击

美国中西部的玉米，得克萨斯州的大米，佐治亚州的花生酱，威斯康星州和宾夕法尼亚州的哈雷摩托车，还有著名的牛仔裤和波旁威士忌……所有这些进口到欧洲的美国产品从周五起都增加了 25% 的关税。6 月 1 日美国提高了对钢铁和铝材的进口关税，特朗普意欲借此举平衡美国对欧洲的贸易赤字，欧洲对此十分愤怒并迅速作出了回应。

欧盟的第一轮反制措施涉及 28 亿欧元的美国进口商品，这一数字小于受美国提税影响的 64 亿欧元的欧洲钢铝出口额。之所以存在这一差距是因为欧盟始终在世界贸易组织的法律框架内采取行动，而美国却对此熟视无睹。欧盟委员会贸易部长让-吕克·德马蒂周四解释道，"我们并没有采取报复措施，美国的关税只是变相的保护措施。根据世贸组织有关贸易保护的规定，我们最多只能对 28 亿欧元的美国进口产品征税。"欧盟已经向世贸组织提出了申诉，"如果世贸组织允许我们这样做，我们也只会在 3 年后对剩下的 36 亿欧元征税，"他补充道。目前，欧盟主要针对支持特朗普的美国各州的出口产品。通报给世贸组织的名单中有 1/3 的钢铁制品，1/3 的农产品和 1/3 的工业品，比如游艇、美容产品和皮鞋等。"这是一个坚定又适度的回应，我们的目的并不是火上浇油，"让-吕克·德马蒂说。

《回声报》2018 年 6 月 22 日刊

资本主义被过度迷信

7月6日至8日，第18届艾克斯普罗旺斯经济会晤（les Rencontres économiques d'Aix-en-Provence）如期举行。现就任于美国彼德森国际经济研究所（Peterson Institute de Washington）的前国际货币基金组织（FMI）首席经济学家奥利维耶·布兰查德（Olivier Blanchard，以下简称奥利维耶，译者注）就中美贸易战、欧盟经济现状等问题提出了自己的意见。会议期间，欧洲各方经济代表也表明了自己的态度。以下是部分采访摘要：

中美间紧张的贸易局面是否会对
全球经济复苏带来影响？

奥利维耶：从短期看，主要影响的是投资方面。由于特朗普总统的决定具有不可预见性，在这种情况下，企业最应当做的就是等待合适的时机。在宏观经济领域，投资在国内生产总值当中会有1~2个百分点的回落，虽然不是个小数目，但也并不会成为导致全球经济衰退的毁灭性因素。可如果从中长期来看，就国际大环境未来的走势和关系的发展来说，这一拉锯战所带来的后果还是比较严重的。

欧洲计划是否受到威胁？

奥利维耶：虽然欧盟正在为此起彼伏的公民事件焦头烂额，然而我并不太为这个组织担心。欧盟建立的初衷是结束战争，创造和平。我相信它有能力不依靠其他诸如社会合并或一体化的方式来保证这一初衷的实现。但欧元的情况则不同，或许在未来，某个成员国发现统一货币并不能保证其安全，但也会意识到想要脱离它的代价是高昂的。无论如何，就算有一天欧元真的不复存在了，欧盟也能够独善其身。

即将上调的借贷率是否会使欧洲各国的国家财政陷入困境？

奥利维耶：并不会。在欧洲，这一调整将是循序渐进的，除非有特殊变动，这对于欧盟国家而言是能够适应的。保持相对低的税率，债务就不存在问题。但对于像阿根廷和土耳其这样本身就比较弱势的国家，情况则比较棘手。假如美国方面上调力度过大，它们可能面临着巨大的国家财政支出。对此，短线资金操作并不可取，加强管控才有可能避免由于轻信而盲目投资之人所带来的市场亏空危害。

《世界报》2018 年 7 月 10 日刊

工会和雇主组织起来反对马克龙

本周三上午 8 时，8 位代表性雇主和工会组织的领导人在位于巴黎耶纳宫（Palais d'Iéna）的经济、社会和环境委员会（CESE）进行了会晤。

这次"非同一般"的会晤首先旨在推进企业合伙人对"社会议程"的定义，使其独立于行政主体，使其可靠且保质，其次在于重建共同决定机制。在马克龙提出将失业保险体制纳入国家管理后，1958 年以来仅由企业合伙人管理的全国工商业就业协会（UNEDIC）将进行国有退休体制的改革，此前这些工作都由工会和雇主负责。

一周前刚刚上任的法国企业运动工会（MEDEF）的主席贝济厄（Geoffroy Roux de Bezieux）表示此番会晤是为了"认识与倾听他人的意见"。并且，邀请函在他当选前就发给了皮埃尔·卡塔兹和新的企业发言人，向前任主席的付出表示尊敬。他也重述了曾在选举中说过的"要看看企业伙伴是否有能力在转型期提出经济诊治方案，以此达成一系列更加正式的决定"。在会议最后，工会的相关人员总结道："我们离达成还很远，离签署共同企业议程甚至共同声明也很远。"

"若每个人都只顾达成自己的目的，没有人会走得更远，"专家预言。此次会晤仅仅是一次求同的美好奢望，不会有未来。企业家们被总统认定的"合伙人在企业外丧失信誉"的现实所束缚，他们无法做长远打算或商讨应对之策。

法国总统取消企业家们在企业层面及一些其他行业间进行对话和规则制定的权利后，行业间缺乏的交流空间，大家都在批评马克龙的改革方式。连贝济厄这样对这项改革提案比较满意的人，也意识到"很难听从"狂热于改革的总统。马克龙缺乏长远考虑，不相信中间力量，并且执意认为企业合伙人是改革的阻碍。

《费加罗报》2018 年 7 月 11 日刊

利用社保经费余额弥补国家赤字

　　2019 年法国国家预算依旧悬而未决。此前政府在经济问题上有所隐瞒，众议员对此非常不满，但自各项决议陆续宣布以来，相关争论似乎偃旗息鼓。首先是针对国家财政法，其次是针对社保拨款。这些问题在每年秋季都会被提到，而今年鉴于宪法改革，此二者也被置于本周四的国家预算中作了讨论。在国会就 2019 年国家公共财政支出分配的讨论中，"共和国前进"党成员、伊泽尔省议员、法国社会事务委员会总发言人欧里维耶·蔚然（Olivier Véran）开门见山地指出，"当社会财政金整体改善的时候，其在国家财政预算中所占份额的相关问题理应被问及。"而这背后还有许多问题。首先是财政安排。2018—2022 年度的公共财政计划理应成为 2019—2022 年度政府社保盈余的前提保证。自 2017 年起，这项盈余便应当开始显现，并逐年上涨。不过其上限应该在 200 亿欧元左右，据估计，利用其中一部分清偿 1500 亿欧元的社会债务是足够的，剩下的部分则会通过降低国家负债的方式解决。今年 6 月份，法国审计法院预计自 2022 年起，财政盈余每年将达到 240 亿欧元，并对实现社保与国家财政之间预算的转移进行了评论，认为这一做法虽稳定，却不是特别有效。就这一问题，国会将在今年秋天予以解答。

　　根据欧里维耶的表述，社保与社会财政两方的融合曾多次被财政委员会主席提及。其原因被解释为"社保投入可以在一定程度上收回国家用于社会的资金投入"。除去津贴、教育与医疗研究等方面的资金投入，补充疾病保险也是社会资金投入的一部分。早在 2013 年，法国在这些方面的整体支出就已经达到了 120 亿欧元。机制秩序也将会为国会带来不小的难题。相关文件迫使其在审议国家预算问题上加快速度，以便为接下来更广泛涉及社保财政的改革提供精力与时间。

《费加罗报》2018 年 7 月 13 日刊

CAP 2022：行政权下放的根本性改革建议

  在各个部门交出自己的计划书之前，法国总理还不想公布公共行动委员会 2022（CAP 2022）的专家们关于公共服务改革的报告。在阅读本报获得的珍贵文件复本之后，我们就能理解他的行为。这个由经济学家、领导人、高级官员等组成的团队毫无顾忌地接受了这项挑战。通过制定 22 项措施，这项独创性的报告表明，中期看来，政府可能降低"三百多亿欧元"的公共支出。这比去年 12 月通过的《公共支出计划法》规定给他们的 41 亿多出 7 倍。"我们决定找出阻碍公共转型的主要障碍，而不是一一列举所有障碍，"委员会表示。委员会的主要目标领域为：健康、教育、住房、司法和视听。

  有瑞典和加拿大的例子作为前车之鉴，这个专家团队声称此次改革没有涉及财政方面。他们建议的改革往往首先需要进行投资，比如将政府及其机构都进行数字化，或者用于便利残疾人的生活。专家认为，改革成功的关键在于以下三点："更多的信任和责任，充分利用数字化的优势和政府及其合作伙伴之间的全新社会契约"。这份全新的契约应该包括"放松地位限制以获得三个不同的公共职能间的差异化发展"。

  为了追求灵活性，委员会认为中央政府必须重新关注其核心任务。例如，委员会建议采取财政部的案例，"控制和征收税款、经济统计和研究、海关的管理任务……"这些都交由下面的分支机构负责。在体育领域，专家们主张建立"一个国家级体育机构，负责管理高水平体育运动和大型赛事的准备"。

  专家团队们还计算了此项提议可以节省的开支。为了减少公共开支，他们最高效的建议就是"停止所有尚未被证实有效的干预行为"。这包括取消多种他们认为效率低下的援助（降低增值税税率，对创新项目的补助，分摊机场税收、能源转型补贴……），总共可以节省 50 亿欧元。

《费加罗报》2018 年 7 月 17 日刊

贸易战升级威胁世界经济

特朗普怒气冲冲的推文，政治领导人令人不安的声明，国际机构的各种言论……保护主义升级已经成为影响全球经济的主要风险。从"全面战争"到"相安无事"，经济学家们的前景评估彼此相去甚远。但可以肯定的是，部分国家和产业将遭受更加严重的损失，而且面临信任危机的威胁。美联储主席杰伊·鲍威尔刚刚拉响了保护主义的警报，捍卫有助于国家经济繁荣发展的自由贸易。

战争已经打响了吗？

专家们一致认为"战争"这个词有点夸张，但保护主义的威胁是真实存在的。特朗普确实发起了保护主义攻势，主要针对美国表现出贸易逆差的国家，包括此前受到钢铝税沉重打击的欧洲。出于国家安全考虑，欧盟立即予以回击：对一系列价值相当的美国产品征税，并向世贸组织报告。

除此之外，特朗普也丝毫不避讳打破此前美国制定的多边规则。经济分析委员会（CAE）主席兼巴黎政治学院教授菲利普·马丁指出，"特朗普的策略使得该制度处于紧张状态"。世贸组织在贸易和投资方面设立了框架。特朗普造成了"无法预测的巨大冲击"，他补充说。巴黎一大的经济学家兼教授阿格尼丝·贝纳西-奎里（Agnès Benassy-Quéré）甚至认为特朗普想让欧盟解体。

贸易战是否已经影响了经济？

经济方面的影响在美国和中国的部分产业已经显现出来了。美国联邦银行周三公布的数据显示，美国的很多州已经出现了涨价和缺货的现象。但美联储表示，就目前看来，税收激增降低的主要是企业的利润率，而且只是"略微"转移到了消费者身上。

《费加罗报》2018 年 7 月 20 日刊

法国通胀指数达到 2012 年以来的最高点

　　这次是通货膨胀的大回归吗？根据法国国家统计局（INSEE）周二发布的初步估计，7 月份消费价格指数的上涨达到了 2012 年 3 月以来的最高水平，同比增长 2.3%，此前 6 月上涨了 2%。过去一个月，法国的价格确实下降了 0.1%，夏季打折是主要原因。但与去年同期相比还是上涨了 0.3%，涨幅引人注目。对于裕利安怡（Euler Hermes）的经济学家苏布杰（Ludovic Subran）来说，毫无疑问，"通货膨胀已经卷土重来"。2% 的关口在 5 月就已被突破，此后价格的涨势并没有回落，而是恰恰相反。2017 年的平均通涨率仅为 1%，同年冬季的通胀率在 1.3% 左右，仅在 4 个月之内就又上涨了 1 个百分点。

　　根据 INSEE 的数据，布伦特原油价格在一年之内从 52.5 美元上涨到了 75 美元，同期的能源价格也应声上涨了 14.3%。燃油税也在年初大幅上涨。这一情况并非法国独有，整个欧元区都在经历通货膨胀的再次抬头。欧盟统计局周二的数据显示，7 月的价格指数上涨达到 2.1%。

　　好消息是此次上涨可能已经达到峰值。INSEE 在其 6 月份发布的最后一个经济形势汇报中预计，下半年通胀率有望出现回落。据 INSEE 称，到今年年末，全年的通胀率将回落至 1.7%。因为除非伊朗和美国之间的危机恶化，否则石油价格应该会稳定下来。7 月每桶石油价格就下降了 4%。

　　法国在过去的几个月中回到了 6 年前的通胀水平，国内的经济形势相比 2012 年也大不相同。根据 INSEE 的数据，今年法国的国内生产总值将增长 1.7%，要比 2012 年时 0.2% 的增长强劲得多。"2012 年的经济体系有些问题。今天的基础更加坚实，家庭和企业的储蓄率也明显更高，"苏布兰强调。通货膨胀的抬头削弱了家庭的购买力，但 INSEE 预测，今年的家庭购买力仍将增长 1%，主要是由于职工们缴纳的社会分摊金降低以及 80%的法国人的住房税减少。

《回声报》2018 年 8 月 1 日刊

欧洲经济涨势回落

据欧盟统计局（Eurostat）上月公布的信息显示，欧元区第二季度国内生产总值上涨了 0.3 个百分点，这不得不说是令人失望的。第一季度 0.4 个百分点的增长率足以在经济学界引起一阵紧张不安，要知道 2017 年平均每季增长率约为 0.7%，全年更是达到了 2.4%。可如今与美国第二季度增长了 4.1% 的速度相比，欧元区原有的乐观经济态度受到了重创。细观法国、意大利、西班牙等国，增长率都不容乐观。独立经济学家韦罗妮克·丽奇斯-弗洛雷斯（Véronique Riches-Flores）指出，经过 2017 年这一经济强势期后，如今周期性的经济滞缓不足为奇，欧元区曾经的黄金经济增长阶段已然过去。然而一些经济趋势分析专家并不完全赞同这一"滞缓"之说。首先对于年增长速度，他们无法进行确切预估，同时他们也认为，此前影响经济增长的各项因素（如恶劣天气、持续性罢工等）已然消除，无论是企业还是从业人员的状况都在逐渐改善。如果这些迹象使我们将国内需求看作过去几周中影响欧洲经济的主因的话，那通货膨胀的回归便使得购买力再次受创。与此同时，对外贸易的影响力也减弱了。就目前形势来看，由于受到中美贸易战影响，直到 2018 年年终，欧洲经济几乎不会出现明显的好转迹象。

由于中国与美国市场占到其出口总值的 20%，欧元区目前陷入了困顿。尽管此前美国总统特朗普与欧洲委员签署了相关协议，使欧洲似乎看到了紧张局势逐渐缓和、关税矛盾逐渐解决的可能性。然而协商并没有达成决定性的共识，如今接连受挫的欧元区，日后在企业投资方面也必将受到影响，同时那些具有更加开放经济局面的国家，诸如德国、荷兰、瑞士等，届时都将受到波及。而在接下来的时间里，政治局面的

159

不确定将成为影响欧洲经济的主要因素。英国脱欧进程困难重重，推行极其缓慢；而意大利当局政党之争也大大影响了该国公共预算和其在欧盟的公债利率的稳定。受诸多因素影响，欧盟委员会也下调了此前对欧洲国内生产总值增长率的预估，而法国当局也表示情况不容乐观，政府此前制定的 2% 的增长率显然已失去可信度。针对这一系列经济状况，欧洲央行预计在 2018 年年底前停止对公债的回购，并在 2019 年年中前停止增长央行贴放利率，以应对可能持续走低的经济态势。

《世界报》2018 年 8 月 2 日刊

对外贸易——法国经济的致命软肋

今年6月份，法国贸易赤字达到62亿欧元，对外贸易依旧是法国经济的致命弱点。2014年来，法国进口量较出口持续增长，据海关部门公布的数据显示，今年上半年，法国净出口赤字高达330多亿欧元，与实现了超1210亿欧元贸易顺差的邻国德国相比，情况很不乐观。法国海外事务部部长就对外贸易指出，由于能源支出占法国净出口赤字超60%的比例，所以近期石油价格上涨对本国造成的影响也很大。

外国商品持续占领法国消费市场这一问题存在已久且根深蒂固，究其原因是法国生产工具发展滞后，现代化进程缓慢。而法国的出口贸易现状也着实令人揪心：在劳动力成本方面，法国的竞争力要远低于诸如西班牙等低劳动成本国家，而在产品质量方面又无法与德国比肩。与此同时，法国境内从事出口的企业数量也不具备竞争优势。去年其参与出口贸易的企业数量为12.4万家，远不及德国的半数。而在这些企业中，多数为出口市场上的传统行业，诸如奢侈品、航空等。总体看来，法国在全世界出口经济市场上是处于劣势地位的：2017年，仅在欧元区内，其对外商品及服务出口比重较之2016年已有所下降，与2000年相比更是锐减了近4个百分点。由于欧洲经济发展缓慢，未来势必会影响法国与其他经济体的贸易往来，尤其是近期的中美贸易战，将不可避免地使其受到影响。不过，法国总理菲利普表示，贸易赤字并不是不可规避的，并提出了新的挽救对外贸易的政策，以期待法国可以在该领域找回其强势姿态。

《费加罗报》2018年8月8日刊

中国人改变了智能手机的世界秩序

华为高级副总裁余承东的赌约似乎即将成真。他的目标很简单：成为智能手机市场的全球领导者。华为刚从苹果公司手中抢来了全球第二的位置，这个中国巨头离取代三星只有一步之遥。去年同一时期，华为首次处于全球第二的位置，后来又被苹果超越。但随着时间的推移，华为的销售规模和市场份额不断增长。第二季度全球售出的 3.42 亿部手机中有 5420 万部是华为手机。根据国际数据公司（IDC）的数据，华为的市场份额达到了 15.8% 的历史最高水平，去年仅为 11%。

华为的发展见证了几代手机制造商的更替。2010 年代标志着第一次改变：苹果、三星和 LG 推翻了索尼、爱立信等行业先驱，更不用说荣耀不再的摩托罗拉、黑莓等已被收购的品牌。这次的新浪潮来自中国，华为是这个大型舰队的旗舰。

华为耐心经营着在欧洲的口碑。当华为在法国推广其名下的第一部产品时，这个品牌几乎无人知晓，即使华为的售价远远低于当时的欧洲竞争对手。华为的获益始于一个消费习惯的重大改变：运营商提供的手机补贴越来越少，这就为低价智能手机品牌提供了发展空间。

然而，华为也学习了之前三星的双线战略，既有不到 200 欧元的手机，也有非常高端的产品。最贵的 Mate RS 保时捷设计手机售价超过 1500 欧元！上一季度华为在全球卖出了 900 万部 P20 和 P20 Pro，售价为 500 欧元及更高。

并不是所有的中国集团都采取相同的策略，但他们的共同点是都从征服邻国市场开始。OPPO，vivo 和小米在印度和东南亚都非常常见。在用线上销售的方式征服年轻消费者之后，它们开始逐渐建立自己的分销网络，其首要目标是扩大消费者群体。这些智能手机品牌经常被指责过多借鉴同行设计，因此它们开始自主创新以吸引要求较高但经济能力有限的年轻群体，依赖社交网络来获取知名度。

《费加罗报》2018 年 8 月 18 日刊

通货膨胀威胁购买力

有时只需一个数字就足以使旧日的恐惧重现：根据欧盟统计局 8 月 17 日发布的数据，7 月份欧元区价格指数同比上涨 2.1%，自 2012 年 12 月以来首次上涨超过 2%。在法国，这一指数达到了 2.3%，是 6 年来的最高点。

有些人甚至已经开始发抖了：欧元区长期以来都是在对抗通货紧缩的威胁，现在又要经历通胀的痛苦吗？我们的国家会再度经历 80 年代初期商品价格年涨幅轻松超过 13% 的噩梦吗？

幸好这是不可能的。"虽然可以肯定危机引发的价格疲软已经过去，但现在谈论欧元区和法国出现通货膨胀还为时尚早，"法国巴黎银行的经济学家 Hélène Baudchon 解释道。原因：现在看到的价格指数上涨主要是由油价上涨引起的。布伦特原油每桶价格在一年内从 52 美元一跃涨至 72 美元，从而拉动了能源均价上涨（7 月欧元区上涨 9.5%）。

7 月份法国的汽油产品价格上涨了 21.8%，烟草上涨 16.8%。除此之外，其他产品的价格涨幅较小。"所谓的'潜在'通胀把价格最不稳定的商品排除在外，比总通胀指数低一个多百分点，"Baudchon 女士说。然而，这种通胀更多是表明了经济的实际状况而并非油价，因为它只在工资水平提高时才应声而涨。

根据 INSEE 的数据，法国今年的平均工资将增长 2.1%，2017 年为 1.7%，2016 年为 1.2%。但价格指数的上涨将抵消一部分工资涨幅：考虑到通货膨胀，2018 年工资"实际"涨幅将不超过 0.5%，和去年持平，低于通胀水平较低的 2016 年的 1.4%。

在这种情况下，家庭购买力也会受到不利影响：根据 INSEE 的预测，今年家庭购买力将会增长 1%，低于 2017 年的 1.4% 和 2016 年的 1.8%。

另外，通胀也会影响储蓄收益。政府规定储蓄的收益率为 0.75%，这远低于 INSEE 预测的 1.8% 的法国全年通胀率。

《世界报》2018 年 8 月 21 日刊

通货膨胀危及法国民众购买力

入夏以来上涨的物价对于法国民众而言似乎是个不好的征兆，而就在上周五，法国国家统计局（INSEE）的相关数据也证实了这一点：8月，法国的通胀率上涨了 0.5%，在过去 12 个月中更是以 2.3% 的速度急速上涨。原本期待能够享受经济复苏带来的成果的梦想在现实面前已然破灭，而导致这一现状的始作俑者依旧是暴涨的油价。继上月 14 个百分点的增长后，本月能源价格又增长了 13%。即使油价增长态势将逐渐趋于平稳，但高涨的通胀率依旧是接下来一段时间内人们所要面对的巨大压力。

无论法国经济如何恢复，通胀率居高不下将始终成为其经济发展道路上的重重障碍。经济学家菲利普·瓦哈特（Philippe Waechter）指出，"目前 2.3% 的通胀增长速度远远高于工资增长水平，这意味着购买力的下降。在这种情况下又怎么能够期待法国消费者会走进商店，用消费的方式来促进法国经济呢？"实际上，在过去几个月当中，法国的家庭消费增长是呈现滞缓甚至倒退状态的，然而自 2012 年至去年年底这一状况却未曾出现。本周二 INSEE 所进行的消费者民意调查显示，大家对于国家经济现状是了然于胸的，由此也引发了民众对失业和通货膨胀的深深担忧。几个月前 INSEE 就已注意到消费者们所进行的相关储蓄操作，可民众辛辛苦苦积攒的积蓄并没能很好地改善这段时间他们受到影响的生活。专家预计，下半年法国消费者购买力将持续低迷。国家财政部希望可以通过相关政策扭转这一局面。在上月中的国家预算讨论中，有关文件指出下半年消费者们将会享受到相关税收降低的福利，尤其是超 80% 纳税人将享受总计 30 个百分点的房产税/居住税减征，同时将取消 0.95 个百分点的失业金分摊额。

不过明年起，一切将会变得更加难以预计。此前为达到 2019 年稳定现有经济赤字不超过国内生产总值 3% 这一目标，政府提出了一系列十分严格的举措，而这需要各个领域的全面调整配合。根据"共和国前进"党的预计，受通胀影响，到明年所有的预算收益仅会提高 0.3%，同时公共购买力也依旧会受到削弱。如此一来，源头征税或许将令情况恶化，届时法国总统马克龙或又将面临新一轮的改革。

《费加罗报》2018 年 9 月 1 日刊

法国面临贫困挑战

为捍卫其雄心勃勃的反贫困计划，法国总统马克龙曾于今年 7 月初发表了"天生的不平等""你的命运往往由你的出生地和你的原生家庭决定"这样的言论。这项反贫困计划原定于今年夏天实施，磋商之后将最终于 9 月中旬面世，其中包括在中小学免费发放早餐、将义务教育年龄从 16 岁延长至 18 岁、提供特殊津贴等措施。相关协会认为上述做法是可行的，但也不乏质疑声，认为这并不能解决问题。

"贫困是一个复杂而多维的现象，"不平等现象观察机构主席路易·莫兰（Louis Maurin）解释道。最常用的评价标准是货币贫困率，即生活费低于收入中位数 60%（重新分配后）的比例，也就是单人每月 1015 欧元。欧盟统计局称，2007 年有 13.1% 的法国人处于贫困状态，在 2012 年经济危机期间达到最高点 14.1%，随后 2016 年回落至 13.6%。这一数据高于芬兰的 11.6% 和丹麦的 11.9%，但低于德国和意大利，德国的贫困率从 2007 年的 15.2% 增长到了 2016 年的 16.5%，意大利从 16.1% 到 17.4%，也低于欧元区的平均水平（2007 年 16.1%，2016 年 17.4%）。"法国的再分配系统在经济衰退期间发挥了减震作用，"马恩-拉瓦莱大学（Université de Marne-la-Vallée）的经济学家雅尼克（Yannick L'Horty）强调。

但收入并不是评价贫困的唯一标准，除此之外，贫困还体现为健康和文化需求得不到充分保障、饮食质量不高、居住条件不佳等，当下有 400 万法国人受这些问题的困扰。"1980 年以来，货币贫困率一直维持在相对稳定的水平，为 14% 左右，这其实掩盖了许多问题，"社会学家兼巴黎政治学院教授于连·达蒙（Julien Damon）解释道。

马克龙在提出"命运不平等"这一说法时也对形势作出了正确的评定。法国一直难以消除贫困的原因是战后建立了社会保障体系，当时并没有充分考虑到失业引起的社会排斥风险。随着改革的进行，法国的保障体制变得复杂起来，甚至有些过于复杂了：1/3 的潜在受益者不知如何享受他们应得的权利。

《世界报》2018 年 9 月 5 日刊

法国政府提高了对
2019年财政赤字的预测

以往上市公司在做市场评估时，常常冒着自相矛盾、引起众人不满的风险。而日前，法国经济财政部部长布鲁诺·勒梅尔（Bruno Le Maire）和公共财务部部长杰拉德·达尔马南（Gérald Darmanin）在准备第二份国家财政预算时也经历了这种痛苦。

7月份在进行公共财政政策辩论（DOFP）期间，两人预测2019年财政赤字将占国内生产总值的2.3%，公共支出率（不含税收抵免）为53.4%。两个月之后，为反映经济增长放缓这一事实，这些数据几经修改。目前，法国经济部的目标是将明年的财政赤字控制在2.8%，公共支出率则为54.6%。这一目标已降至2017年12月"公共财政计划法"（LPFP 2018—2022）投票所预估的水平。"就公共财政而言，情况完全符合去年秋天所表明的变化趋势，甚至略微高出预期，"经济部相关人员这样辩解，试图使人们忘记他们曾在夏天作出非常乐观的预测。这一做法助长了反对派激烈的批评，也引起了欧盟的疑虑。

与1月份发布在法国《官方期刊》（*Journal Officiel*）的《2018—2022年公共财政计划法（LPFP 2018—2022）相比，法国经济和财政部所处的形势还是比较有利的。此前公共财政计划法的目标是将赤字控制在国民生产总值的2.9%，高于将法国国营铁路公司（SNCF）的债务重新归类后的估计值。他们声称"将SNCF考虑在内之后，我们还是比此前预计的要好0.2%"。

2018年的财政赤字应该会在2.6%左右，2019年赤字将扩大，为减少开支，公共账户将把就业竞争力公税（CICE）纳入体系，届时将有

200 亿欧元用于国家财政。在经济增长方面，政府与经济学家们达成共识：对 2018 年和 2019 年的国内生产总值的增长预期为 1.7%。为了实现今年的目标，最后一个季度就必须加快生产，实现 0.8% 的增长。然而由于上半年经济持续低迷，法国央行预计第三季度将仅有 0.4% 的回弹。目标能否实现令人怀疑。

《费加罗报》2018 年 9 月 12 日刊

国家为刺激投资借力税收

为使企业能在购进设备后取得尽可能多的折旧款以贴补其所纳税额，在法国总统马克龙尚任职经济部部长时期就已提出的名为"超折旧"策略如今再次回到法国经济政策舞台。

法国总理菲利普将于本月 20 日就有关工业数字转型的话题展开相关讨论，其中"超折旧"策略也将成为推动这一进程的重要一环。法国机械工业联合会（FIM，Fédération des industries mécaniques）主席布鲁诺·格朗让（Bruno Grandjean）表示，尽管范围尚未确定，但自动化设备及一切有利于未来工业建设的更加优质的设备都将纳入"超折旧"策略的考虑范围。此项策略的投入使用范围是仅限中小型企业还是全部法国企业，目前尚未决定。企业们希望此次折旧率可以从之前的 40% 提升至 50%。有关部门表示，实际预算是远远低于这一数值的，或许只能达到一半左右。而且，这项决策目前还没有被正式纳入财政改革内，或许在年末有望被加入年度预算修正案中。无论如何，明年这一策略将会得以施行。

实际上，2015—2017 年期间，"超折旧"已得到首次实施。原本计划 1 年期的实施期因收效良好而被延长至 2 年。计划实施期间，企业投资呈现出显著的回升态势，尽管彼时的经济环境较目前而言更加优良，同时较低的利息税等都为保证计划实施提供了条件，但也不可否认该计划本身所具备的优势。根据法国国家统计局（INSEE）7 月份发布的相关数据显示，该项政策停止后的一年内，法国企业投资活力仍不减当初，由此可见该项政策的可行性。

《回声报》2018 年 9 月 13 日刊

法国经济受挫令人担忧

经济的增长在 2017 年似乎是一件再自然不过的事情，而对于法国总统来说，今年的情况却变得十分棘手：政府已经不能再指望 2018 年能实现 1.7% 的经济增长了，这一数字虽比法兰西银行的预测要高出 1/10，但较去年的 2.3% 还是相去甚远。

法国国家统计局（INSEE）于 9 月 21 日周五证实，今年第一季度和第二季度，法国国内生产总值（PIB）都仅增长了 0.2%，这一数据低于整个欧元区的 0.4%，甚至比不上陷入危机的意大利……

虽然 1 月份时法国家庭信心指数还远远高于历史平均水平，但在过去几个月里这一指数持续大幅下降。这一趋势同样反映在商业领域：商业指标在恢复到危机前水平之后，今年年初到现在已经降低了 7 个点。

然而，并不是所有的情况都如此糟糕。虽然消费和住房支出的数据停滞不前，但似乎各企业并没有放弃投资。7 月份制造业略有回温，而且根据大部分经济学家预测，第四季度制造业将会出现反弹。"2017 年毕竟是非常特殊的一年。现在我们将回归到一个更加可持续的节奏。"

购买力恢复

预计今年年底的情况最好。4 月到 6 月期间购买力恢复了 0.7%，秋季住房税首降、社会保障分摊金取消，法国人的钱包应该因此鼓了一些。法国国家统计局（INSEE）预计，第四季度购买力将反弹 1.5%。

就业机会减少

根据 INSEE 的数据，第二季度仅新增了 12500 个就业岗位，远低于第一季度（47500）。由于辅助性就业合同减少，公共部门的就业数据下降，私营部门也同样感受到了制约。2017 年，法国经济创造了 34 万个就业岗位，而 INSSE 预计 2018 年将只有 18.3 万个。

企业持续投资

在暗淡的经济背景下，法国企业的投资意愿令人惊喜。在经历了年初的停滞不前之后，第二季度企业投资又增长了 1.2%。"公司需要提高其生产能力，因为他们都指望内需和外需的反弹。"

《世界报》2018 年 9 月 22 日刊

劳动力市场男女不平等依旧

与去年相比，欧盟内女性失业率下降了近 1 个百分点，虽略高于男性失业率，可事实上，在欧盟 28 个成员国中，近半数女性失业率是低于男性的。经济危机前的几十年间，法国女性失业率远高于男性，不过自 2013 年起，这个情况发生了转变，但却无法预计会持续多久，以男性占主要劳动力的工业曾受到重创，而在经济复苏的过程中，第三产业为劳动力市场带来更多的就业岗位，其中女性从业者的比例也逐渐上升。

不过失业率并不能成为评判男女劳动不平等的恰当标准（毕竟它忽略了劳动力市场外的劳动力情况），因此专家们更倾向于以就业率作为首要评判标准，而一旦以此来评判，就会发现欧元区内，男性就业率高出女性就业率 11 个百分点，而这一比例差在南北欧之间的差距也更加明显（意大利 19.8%，法国 7.9%，瑞典 4%）。

可同样，就业率也不是唯一的标准，还应当考虑到工作属性，即全职与兼职。

无论如何衡量，有一个因素是十分确定的，那就是女性从业者会受到生育的影响：生育的孩子越多，女性从业的机会越少。以法国为例，夫妻育有 1 名年龄小于 3 岁的儿童，母亲的就业率是 80%；而当儿童数量上升到 3 名时，这一比率便骤降至 42%。可儿童数量的多少对于男性就业率却丝毫没有影响。事实上，与"二战"后状况相比，现今女性在接受高等教育以及就业方面的状况都已经有巨大的改善。可即使她们在学业上的成就再高，也无法改变在工作领域所受到的不平等待遇。除去每周高于男性七小时的家庭劳动时间和劳动力市场上原本就存在的不平等，男女收入差距在家庭迎来第一位新生儿的同时也迅速拉大。

　　针对这一现状，欧盟和经合组织召开了多次研讨会进行商谈。提高女性就业率，也意味着为社会保障提供长期的资金帮助，因为据估算，女性就业每年可为欧洲带来至少 3700 亿欧元的收入，占欧盟国内生产总值的 3%，而这些收入可以进一步用于改善女性就业环境与条件。北欧众多国家完善的儿童看护制度可以帮助女性更好地兼顾事业与家庭，同时也进一步唤醒男性与企业对于儿童抚养的意识，使他们不再成为女性从业路上的阻碍。以冰岛为例，儿童出生后，父母双方可分别享有 3 个月带薪假期，之后二者还可以继续共享 3 个月的假期。相关企业如若违反薪酬平等原则，也将会面临罚款。

　　　　　　　　　　　　　　　《世界报》2018 年 10 月 3 日刊

法国政府坚持私有化计划

为了反对拼凑而成的公约法（loi PACTE），反对派选择攻击其最具象征意义的私有化部分，首当其冲受到攻击的便是由经济部部长布鲁诺·勒梅尔（Bruno Le Maire）主导的几项法案，其中包括政府将巴黎机场（ADP）、法国乐透彩（FDJ）私有化以及降低政府在法国气能（ENGIE）（前苏伊士环能公司）投票比重。

议会议员们从一周前就开始为这项法案争论不休，本周三又开始对其中的一些条款进行审查。在社会党议员中，鲍里斯·瓦罗德（Boris Vallaud）十分积极。他要求部长"取消私有化"，声称私有化将会成为"一个违背经济常规的现象以及一个战略性错误"。

面对反对派的指责，经济部部长勒梅尔回应说，私有化的提出是有理有据的，它既能免除国家债务，又能为创新积累资金。与其涉及的100亿欧元的庞大资金数额相比，该计划引发的争论更多还是集中在其实施方式上。瓦罗德认为，当国家能以非常低的利率借贷时，放开私有化的参与虽然能带来一些利息，但几乎可以说是没什么意义的。针对勒梅尔极力主张的"重新定义国家和企业各自的角色"，他回应道，"国家的角色并不是把利息收进金库，也不是把资金暴露在不稳定的环境里"。

从理论上来说，巴黎机场、法国博彩公司和法国安吉集团的私有化能为国家带来共计约200亿欧元的收入。许多议员都曾指出巴黎机场股份的"战略性特点"。尽管政府已同意法国社会团体的参与，但具体的私有化方式还不得而知。后期的管理安排将会制定操作的标准（价格和方案），并会就巴黎机场集团由谁管控这一问题作出商定。

《费加罗报》2018 年 10 月 4 日刊

石油、贸易、劳动力：
经济发展道路上的危机

　　面对当前欧洲与法国的经济局势，经济学家们持有两种不同的观点。以政府为代表的乐观派仍然期待着明年 1.7% 的经济增长率，并断言失业率将持续下降，而经济活动也依旧活跃。法国经济形势观察所（OFCE，Observatoire français des conjonctures économiques）也持乐观态度，并预计明年国内生产总值增长率将达到 1.8%。而另一方的态度则相对消极，认为经济活动将受到企业内人才招聘不足的影响而活力大减。据法国经济观察与研究中心（Rexecode）预计，明年法国国内生产总值的增长率只有 1.3%，而这一数值或多或少是基于法国潜在增长能力而作出的判断。按这一预估，来年法国的公共支出赤字或将增长3%，而研究中心专家也解释，受到利息率增长的影响，未来用于偿还公共债务所需筹措的资金量也会越来越高。

　　不过，购买力的增强为来年的消费市场带来了活力与保障；受人才招聘压力的影响，员工收入出现小幅增长，与此同时，国家的税收改革也将对此发挥一定的作用。另一方面，住房消费趋于平稳，房地产的热度也有所减退；而企业方面的投资却因受生产力方面的推动而将持续上涨。种种因素似乎都预示着失业率将有所回落，不过据分析，即使各方助力就业率的回升，这一过程也会是较为缓慢的，2019 年的失业率预计仅会比今年下降 0.2 个百分点。

　　相较于国内情势，国际大环境似乎面临着更多的挑战。首先是石油，有关人士假设，如若石油价格由现在的每桶 80 美元上涨到 100 美元，并维持 6 个月以上，那么，全球范围内的国内生产总值将缩水

0.6%，而通胀率将增加 0.4 个百分点。目前的贸易战或许只是开端，继中国之后，美国很有可能以同样的方式将矛头直指德国，如若特朗普对德国征收 25% 的进口汽车关税，那么德国也将面临着国内生产总值减少的局面。作为法国的第一经贸伙伴，德国一旦受挫，势必波及法国，而美国方面一系列紧缩的货币政策也定然会在全球范围内带来经济上的动荡。而英国脱欧进程艰难，意大利债务危机，都使得欧元区自顾不暇。无论如何，2019 年都不会是顺风顺水的一年了。

《回声报》2018 年 10 月 19 日刊

雇主和工会组织关于失业保险的
谈判陷入紧张局势

　　社会伙伴组织感受到的压力越来越大，此前他们同意对失业保险改革进行新一轮谈判，但同时也知道达成协议的可能性微乎其微。来自八个雇主和工会组织的谈判代表于周三在失业保险联合管理机构（UNEDIC）巴黎总部举行会议，这是自 9 月 21 日政府发布讨论框架文件以来的首次会议。会议目标是分析政府下发的文件，重申各自的原则底线，确定谈判日期和工作方法。

　　时间所剩无几。截至明年 1 月 26 日，他们只有不到三个月的时间来尝试在失业保险改革方面达成妥协。根据行政部门的说法，本次改革的明确目标是使人们更容易找到或重回"高质量的工作"。此外还要实现在 3 年内节省 3 亿~3.9 亿元的开支这一计划，以减轻 UNEDIC 已高达 35 亿欧元的债务。

　　总之，此次行动并不简单。在这种情况下，谈判代表们明白其实自己并没有真正的选择。如果他们不能达成协议，或者达成的妥协方案不符合政府的要求，政府将会重新接手并独自领导这场改革。早在今年 2 月份，政府就已经毫不犹豫地拒绝了关于职业培训的妥协方案，而这一行径在工会看来是对社会民主的真正打击。

　　在收到政府框架文件的前几天，参与此次谈判的代表们曾试图根据这份新文件达成内部一致以对抗行政机关，不过最终也只是徒劳。不可否认，执政当局已经尽量避免了那些令人不快的字眼，他们并不想针对社会伙伴，而是鼓励其同意谈判，并确定主要发展方向，特别是对某些规定的重新审视，以期提高稳定性并促进恢复可持续就业。

《世界报》2018 年 10 月 24 日刊

法国实行新农业法规，保护农民利益

法国国民议会于 2018 年 9 月 25 日通过了新的"农业与食品"法规，该法规旨在平衡农民、农产品企业和经销商三者间的关系，加强对农民利益的保护。目前确定的具体内容包括：亏本售卖的农产品价格将比过去提高 10%，促销商品最多仅占总商品数量的 25%，且价格不低于原价的 34%。该法规将于 2018 年 12 月初试推行，在推行后的三个月内，允许相关方面针对具体情况作出协商和调整。

该法规的推行实现了马克龙总统在 2017 年全法食品行业三级会议（EGA）上作出的承诺：以规定农产品售价的方式确保经销商利润，从而避免进价过低、农民利益受损。同时，他表示制定新法规需要农产品生产者提供成本费用信息，作为合理定价的依据。然而，这一要求遭到了许多不愿公开成本细节的生产者的拒绝，果农和菜农更是对统一定价提出质疑，认为不同地区的蔬果种类与价格本就应该差异化，这不利于专家团队制定价格标准。此外，不少业内人士对新法规能否奏效心存疑虑：首先，新法规没有明确规定经销商该如何将多出来的利润返还到农民手中；其次，长期以来，消费者已经习惯了农产品的大幅降价；最后，限制数量的促销是否会造成大量库存积压还是未知数。

值得注意的是，新法规还要求公共食堂使用一定比例的绿色食材。

《回声报》2018 年 10 月 2 日刊

马克龙推出《多年能源计划》(PPE)，力图制定均衡能源政策

　　11 月 27 日周二，法国总统马克龙在爱丽舍宫正式公布关于 2018—2028 年度《多年能源计划》(PPE) 的政府路条。该计划确定了法国国家供给安全的路线。

　　首先，核能用电所占比例有计划下调。早在奥朗德执政时期就曾计划于 2025 年将核电占比下调至 50%，马克龙将这一期限延至 2035 年。法国电力集团 (EDF) 计划即日起陆续关闭 14 座核反应堆（共 58 座）。2020 年夏，首批关闭费森海姆 (Fessenheim) 核电站的两个反应堆。随后 2030 年前关闭 4~6 个反应堆。不过，马克龙并未透露何时投入使用弗拉芒维尔 (Flamanville) 在建的新型第三代原子能核反应堆 (EPR)。据悉，法国电力集团要在 2021 年前证明该核电站可以明显降低成本。

　　鉴于核电占比缩减，只能可再生能源"接棒"。2030 年前，可再生能源发电量必须达到发电总量的 40%。为了大力支持上述绿色能源，马克龙还将投入资金由当前的 50 亿欧元提高到 70 亿~80 亿。届时，陆地风力发电产能提高 3 倍，太阳能发电产能提高 5 倍。不过，海上风电一年代理招标 1000 兆瓦特的目标与预期差距较大。马克龙认为可再生能源的竞争力应该大幅度提高，并表示当局会与专业人员沟通，要求严格控制成本。与此同时，可再生能源相关方面也迫不及待与马克龙和德吕吉进行协商。

　　此外，马克龙当日还宣布法国将于 2022 年前关闭所有的燃煤发电厂。他表示这是法国的"首创措施"，明确指出还有众多国家在继续经

营甚至开发新的化石能源基础设施。目前，法国境内还在运行的煤电厂共有 5 个，分属法国电力集团以及法国 Uniper 电力企业。据悉，两家企业还未讨论关闭细节问题，但二者均要求切实的支持条件，尤其是来自社会方面的支持。不过，正如马克龙所强调的，煤炭的最终停用时间还是要取决于已安装的用电容量，而且这也为 2050 年前整体的"去碳"混合能源奠定了重要基础。

《费加罗报》2018 年 11 月 28 日刊

欧元区经济增长迎四年最低

　　与一年前的良好势头相比，欧元区目前的经济状况可以用"令人失望"和"沮丧"来形容。根据欧盟统计局周二公布的统计数据，今年7月到9月，欧元区的经济增长率仅为0.2%，比前两季度降低了一半，为2014年初以来的最低水平。部分经济学家寄希望于年底的反弹，然而美国美林证券的经济学家吉尔·莫艾克（Gilles Moëc）却表示，基于此前数据的反馈来看，对经济状况回暖并无把握。

　　从细节上来看，法国经济增长恢复了一些活力，第三季度国内生产总值增长了0.4%。瑞士百达银行欧元区专家纳蒂亚·加尔比（Nadia Gharbi）分析称法国企业，尤其是制造业行业，投资依然稳定，这是十分可喜的。

　　而与法国的良好态势截然相反，继第二季度经济增长仅为0.2%后，意大利在第三季度遭遇零增长局面。联合政府内部矛盾不断，几个月来国内产业状态萧条，意大利原本预计于2019年实现1.5%的经济增长率，目前看来这一目标难以实现。不过在就国家预算问题与欧盟进行商讨时，意大利方面态度强硬，并不打算调整策略。

　　德国的最新经济状况要到11月14号以后才会发布，但种种迹象表明情况也不容乐观。据宏观研究公司凯投宏观（Capital Economics）的欧洲经济学家杰西卡·海因德（Jessica Hind）分析，这一状况"与一些临时影响因素密切相关"，比如新出台的反污染政策就影响了德国多家汽车制造商的生产。

　　就国际政治角度而言，欧洲的各个邻国也同样受低迷的国际环境困扰：伊朗、阿根廷、土耳其等许多新兴经济国家的情况正在恶化，中国的经济增速放缓影响了欧洲大陆的出口。另外，中国和美国之间紧张的贸易关系也影响了欧洲企业的士气。莫艾克认为，到 2019 年 5 月欧洲大选之前，这种低迷的经济状况不会发生太大改变。

《世界报》2018 年 11 月 1 日刊

法国欲振兴对外贸易，资金支持成重点

上周，法国国家统计局公布了一项振奋人心的消息：长久以来被视为国家经济软肋的对外贸易，在第三季度实现了 0.1% 的增长点。这不仅反映出法国的进出口消费结构正在发生转变，同时也表明了贸易逆差的态势也在趋于缓和。与去年同期相较，今年前 8 个月的国家累计贸易逆差降低了近 2%，而差额总计与去年大约持平，在 630 亿欧元左右。

不过，在这一切发展转变的背后，作为长期存在的结构性问题，法国对外贸易的竞争力依然备受瞩目：法国产品不菲的价格使其在国际市场上无法与优质低价的他国产品一争高下。与此同时，资金支持欠缺稳定来源、各方特权利益划分不均、十年间不断更改却并无太多成效的各类计划等种种因素都在掣肘法国对外经济的发展。

早在今年 2 月，法国总理菲利普便就重振法国出口贸易提出了自己的建议。从总体上看，他试图建立起一个可供全法中小型企业开展出口贸易的信息化平台，并借助英文这一世界语言帮助平台实现国际化。不过，这一设想的实现预计需 1000 万欧元的资金支持，即使法国商务投资署（Business France）承担其中的三分之一，剩余的部分也依旧是千钧重负，所以资金筹措是关键。"共和国前进"党（LaREM）议员陈文雄（Buon Tan）也计划在 2019 预算审查时提交与这项计划相关的修正案，以提醒政府为其实现提供相应的保障，因为就目前的政府拨款来看，陈议员认为这显然不足以支持未来一年的计划实施。不过对于政府这项计划本身，他表示十分有信心，并称其为"务实且有前景"。

《费加罗报》2018 年 11 月 8 日刊

法国深陷大规模失业泥潭，究竟为何？

无论政府如何承诺，法国似乎永远都逃不出高失业率的枷锁。眼见短期内针对失业问题的改革无法取得显著成效，法国劳工部部长佩尼科（Muriel Penicaud）随即声称"我们不能指望用一年的时间解决存在了30年的大规模失业问题"。然而，对比其他欧洲国家，时间长短似乎并不是决定因素。以德国和英国两国为代表的低失业率国家，在过去十年间将这一率值控制在4%左右；而曾在经济危机当中遭受重创的西班牙、葡萄牙等国居然也成功在短短五年的时间内将失业率减少了30%~40%，而法国仅减少了10%。正如法国企业运动（MEDEF）主席贝济厄（Geoffroy Roux de Bezieux）先生所说的那样，大规模失业是法国的耻辱。那么，究竟有哪些原因导致法国深陷高失业率的泥潭呢？

过度低迷的经济增长

虽说良好的经济发展会产生就业机会，但这二者之间并不是完全协调一致的，更何况法国目前的经济增长也无法带来良好的就业环境。究其原因，生产力是关键。正常情况下，生产力越高，就业机会就越多。而为了稳定就业率，以保证有新增的就业岗位，经济就必须跟得上。然而这一关系在经济学家的眼中是极不稳定的，因为影响经济增长的生产力这一因素所受到的制约太多，人口质量、适龄就业人口的劳动行为等，都会对其造成影响。如今，法国的就业市场每年都会迎来8万~10万的新增就业人口，而目前低迷的经济增长却无法提供足量的就业岗位，这反过来也影响了生产力的提高。

劳动力供需关系失衡

　　长久以来，企业需求与匹配劳动力之间的关系存在着不协调，而这种不协调伴随着经济的增长，越来越凸显。法国就业局（Pôle emploi）指出，2017 年由于应聘者方面的原因而流失的各类就业计划多达 20 万~33 万项。如果说某些职位因为低薪或高强度而不受欢迎，实际从另一个角度也反映出应聘者本身的劳动资质不足。在法国平均只有 32% 左右的成年人接受过相应培训，这一数据有力地解释了为何经常受失业困扰的人大多欠缺资历。同样，未接受高等教育或仅持有技术证书群体的失业率要高出受过高等教育群体近 15%。为了改变这一局面，总理菲利普实施了职业能力培训投资计划（PIC, Plan d'investissement dans les compétences），旨在为 100 万缺乏就业资历的求职者和 100 万早退生提供就业培训。

失业保障亦有其负面影响

　　另一个比较敏感的方面就是失业保障政策了。这一保障是为激励失业者尽快找到工作而设立的，然而事实上可能会让求职者更难逃出失业的困境。例如有些用人单位只签订短期合同，这就会使许多从业者不断陷入申领失业金和短期劳动的循环当中。况且有时候，失业金或短期工佣金也并不比长期稳定的工作收入要少。该政策规定，只要在连续工作 4 个月后失业即可申请保障，而年逾 55 岁的失业者最长可申请 36 个月，种种优待导致有 8% 的受资助者并不愿意主动寻求工作。

劳动市场变化不断

　　长久以来，劳动法的相关规定对于招聘市场而言并不友善。即使是在现如今近乎无失业的德国，这一局面也是经过大规模劳动改革而得以形成的。2012 年西班牙也在争论声中对长期劳动制进行了修改。在法国，针对劳动力市场所提出的改革也不在少数（例如 2016 年"库姆里法案"和 2017 年 9 月以来佩尼戈提出的劳动法改革）。不过，改革成效需要时间来检验。对于菲利普政府而言，改革规模宏大，千头万绪。如今，"2022 年将失业率控制在 7%"的豪言已经很少能从当局的口中听到了，因为他们自己也清楚，在逐渐积累的民怨与日益丧失的耐心之下，任何失误都不被允许。

《费加罗报》2018 年 11 月 20 日刊

税收的社会职能正在逐渐减弱

米歇尔·布维埃（Michel Bouvier）是巴黎第一大学教授，也是国际公共财政基金会主席及《公共财政法国期刊》的主任。从法国市场研究公司益普索（Ipsos）日前对他的采访中，我们可以了解到公民纳税人的心态变化。

目前只有一半的法国人将纳税视作公民行为。纳税义务是否正在丧失意义？税收是否正在丧失其合理性？

我们五年前就已注意到这一现象，如今情况日益严重。从最初的凯恩斯主义到今天成为主导的自由主义，这完全改变了公共管理模式，使企业利益更多地得到关注。这种市场逻辑的后果是，当公民纳税人觉得自己并没有因缴纳的税款而得到应有的回报时，他们就不再愿意为此买单了。

换句话说，现在纳税人们觉得所纳税款没有"物尽其用"？

这是有客观原因的。首先，四十年来税率大幅增加，如今法国税收所得已达到国内生产总值的47%，而且普遍化社会捐金（CSG）制度直接对所有法国人征税，因此广义上的所得税影响了每一个人。另一个重要原因是绝大部分法国人认为税收被滥用了，比如他们发现四十年来，政府始终没能解决大规模失业问题且一直持续负债，那么人民为什么还要继续纳税呢？

国内公共服务的调整甚至停止，加重了人们对政府税收使用不力的印象，有些公司甚至还存在严重的国际偷税漏税行为。我担心未来某一天，法国政府将无力负担现有支出，更没有资金用于未来的生态转型等额外支出。

192

那么该如何消除人们的误解，比如最近的"黄马甲"运动？

应该开展一场涉及每个人、每家企业利益的，深入的公开辩论，以恢复税收制度的意义。我们对此已经要求了很久，但政治领导人们一直充耳不闻，他们只考虑眼前利益。他们害怕打开"潘多拉魔盒"，但现在这个魔盒已经打开，人们已经走到街上游行示威了。如果不作出努力，反抗税收的活动范围只会进一步扩大。

《世界报》2018 年 11 月 23 日刊

"黄马甲"运动重创法国商业

据法国商业零售业联合会（FCD，Fédération des entreprises du commerce et de la distribution）称，"黄马甲"运动已造成数十亿欧元的损失。12月1日全国范围的游行示威、骚乱和抢劫事件使法国的商店店主和酒店经营者受到了严重影响。法国经济部部长布鲁诺·勒梅尔（Bruno Le Maire）于12月3日与他们紧急会面，"评估需要采取的支持措施"以帮助受冲突影响而面临财政困难的公司渡过难关。他认为此次运动对法国经济的影响将是严重而持续的，各行业的营业额都有15%~25%的减少。出于安全考虑，位于巴黎奥斯曼大街的老佛爷商场和春天百货在12月1日当天不得不停止营业，该区域商场营业额损失约为100亿欧元。香榭丽舍大街上的众多商铺也已被提前关闭。巴黎以外，多个城市的商业中心也被封锁。12月1日，法国国内商业中心的客流量继上周末减少9%后，又减少了14%，而此前业内人士对黑色星期五的期待也随之落空。

据巴黎的酒店经营者称，"黄马甲"运动对旅游业也造成了毁灭性打击。许多巴黎的酒店订单被取消，元旦前的周末所受影响尤为严重。据业内咨询公司MKG估计，由此产生的营业额损失将达到1000多万欧元。

事实上，其他行业的情况也都不容乐观。对服装店、大型超市、玩具店和香水店而言，12月是极为重要的时间节点。法国全国商业中心理事会（CNCC）总代表贡特朗·图林（Gontran Thüring）表示，"通常来说，12 月的销售额是其他月份的 2.5 倍"。而现在看来，或许只有电商网站能获利。此前黑色星期五的线上销售数据已经相当令人满意，现在电商卖家更是忙于将商品送到放弃实体店购物的顾客手中。

《世界报》2018 年 12 月 4 日刊

全球经济增长阴云密布

美国先锋集团（Vanguard）欧元区首席经济学家彼得·韦斯塔韦（Peter Westaway）日前对未来全球经济局势作出了预计分析。他表示，虽然目前看来 2019 年世界经济状况将相对平顺，但危机的脚步确实越来越近了。世界范围内债务不断增加，2008 年为渡过经济危机所采取的种种措施的弊端，在无形中为下一次危机的出现埋下了种子，"未来 3 年内，经济局势很有可能会出现一次重大的调整"。（美国先锋集团，是全球仅次于贝莱德集团（BlackRock）的投资管理公司，拥有法国国内生产总值 2 倍的资产总量，编者注）

根据韦斯塔韦的分析，今年全球国内生产总值增长率为 3.5%，而这一数字在 2019 年将维持在 3% 左右。之所以出现回落，主要是因为中美两个经济体的影响。先锋集团认为，中美两国的经济增长高点已然过去，两国将双双进入经济成熟阶段，而且国家也在采取多种手段来刺激经济。只是，两国间的危机依旧令人担忧。在 12 月初召开的 G20 峰会上，纵使中美双方可以就贸易问题达成休战协定（即美国承诺在未来 3 个月不再对中国进口商品加税，而中方同意"大量"进口美国农业、能源和工业类商品），贸易战也并不会就此停歇。在最坏的情况下，美国经济可能会再降低 1% 的增长点。

而在欧洲方面，问题则复杂得多。欧元区内，意大利与欧盟就预算问题争执已久，大有矛盾一触即发之势。当初希腊危机时，欧元统一货币的地位就曾被动摇。而如今更是出现人民公投反对欧元的情况。而英国脱欧所带来的经济影响在韦斯塔韦看来却很微弱。虽然未达成协议脱欧所导致的后果的确很严重，但它的影响范围有限，并不会导致全球经济的衰退。

种种经济市场上的危机使得来年的发展前景并不明朗，而在这背后隐藏的一个主要原因是各大中央银行不断紧缩的资金举措。自 2008 年以来，美 联 储（ Réserve fédérale américaine）、欧 洲 央 行（ Banque centrale européenne） 和英格兰银行（Banque d'Angleterre） 纷纷开始紧缩货币。大量资金回流，各国财政部也纷纷采取谨慎的入市姿态。用韦斯塔韦的话来讲，"是时候直面问题了"。

《世界报》2018 年 12 月 11 日刊

马克龙明确回应"黄马甲"运动

为平息"黄马甲"的愤怒情绪,法国总统马克龙向民众承诺了一系列提高购买力措施,并将于本周三部长会议的立案中作出进一步明确。具体措施如下:

最低工资上调 100 欧元

经过一周的含糊其辞,法国总理菲利普终于作出了最后决定,然而与上周二的承诺有所出入。此前提到的最低工资上调 100 欧元实际上并非惠及所有申领最低工资的人,而只是其中的大多数。在此次涨薪中受益的反而是那些薪资高于最低工资标准的人。增加的工资将以就业活动补助金(prime d'activité)的形式发放,享受这项补贴的家庭数量将从现在的 380 万扩大到 500 万。工资为 1560 欧元且没有孩子的单身人士和工资为 2000 欧元的单身母亲都将因此受益。收入与最低工资相近的自由职业者和公务员也将享受这项补贴。

加班所得将免税、免缴社会捐金

正如此前马克龙宣布的那样,加班所得收入免缴社会捐金且免税的施行日期从 2019 年 9 月 1 日提前到了 1 月 1 日。为避免萨科齐执政时期相似政策所产生的意外影响,每年的免税金额上限将为 5000 欧元。

免除部分退休人员普遍社会保险捐税(CSG)上调措施

2018 年 1 月，60%退休人员的普遍社会保险捐税上涨了 1.7%，此举加剧了民众对于马克龙的不满。自 2019 年起，每月收入低于 2000 欧元的退休人员的普遍社会保险捐税率将回落至此前的 6.6%。2019 年前 6 个月仍将保持原税率，差额自 7 月起返还。此后将只有 30%的退休人员继续缴纳 8.3%的最高税率。

1000 欧元的特殊年终奖

企业雇主将为收入低于最低工资 3 倍的雇员发放一笔免税年终奖，最高金额为 1000 欧元。法案中明确规定，"这笔特殊奖金绝对不能被用人单位以之前协定的涨薪等其他奖励形式代替"。年终奖需在 2018 年 12 月 10 日至 2019 年 3 月 31 日之间发放完毕。不过，公共职能部门工会对此表示不满，因为此项措施将公务员排除在外。

《费加罗报》2018 年 12 月 18 日刊

欧洲欲与非洲建立全新联盟

欧盟委员会主席容克（Jean-Claude Juncker）提出与非洲各国建立全新联盟关系。早在今年 9 月，他就表示"非洲需要的不是慈善，而是平等的合作关系，一个真正的合作者"。12 月 18 日，非洲-欧洲高级别论坛于奥地利首都维也纳举行，包括非洲联盟主席保罗·卡加梅（Paul Kagame）等非洲和欧洲领导出席了此次会议。本次会议旨在确立通过增加工作机会与投资机会推进非洲的经济发展。截至目前，欧洲以 36% 的贸易总量位居非洲投资首位，欧洲和非洲之间的相关贸易协定辐射非洲 37 个国家。

容克指出，在目前针对欧洲的投资基础上，欧盟委员会打算再划拨一部分资金用于对非洲的投资。通过杠杆效应，以期用欧盟拨付的 41 亿欧元在 2017—2020 年期间刺激产生 440 亿欧元的总投资额。除了借助原始的赠予与借贷方式，欧盟还重点提出使用数额高达 15 亿欧元为投资保驾护航。之所以使用这种方式，是基于非洲地区难以获得发展资本的现状。这一部分款项可以保证主要的金融机构（主要包括欧洲投资银行、非洲发展银行、法国开发署或德国复兴信贷银行）在向非洲地方银行放款时设置较低的利率。

欧盟此次将针对四个方面刺激对非洲的投资：改善交易环境，降低风险，推进地方市场活力和重视教育。特别是针对最后一项，欧洲十分支持非洲联盟（简称"非盟"）开展"非洲奖学金交流项目"（Erasmus africain）。同时，非盟签订的"非洲大陆自由贸易区"协议将促使 54 个非洲国家间降低海关壁垒，而欧盟用以推动这项协议的资金支持总额也将从 700 万欧元增长至 5000 万欧元，并且将派出相关方面的专家从中协助。于欧盟而言，非洲具有广袤的经济前景，与其签订自由贸易协定或许也为期不远。

《费加罗报》2018 年 12 月 18 日刊

男女同工同酬机制备受批评

　　2018 年 3 月 8 日，法国劳工部部长米丽埃尔·佩尼科（Muriel Pénicaud）曾宣布，到 2022 年左右，对法国企业来说，男女同工同酬将从要求变成必须履行的义务，否则将面临罚款。11 月 22 日，该机制的主要指导纲领得到了工会的认可，但工会联盟同时也表示将对该法案文本的起草细节持谨慎态度。

　　由于工会联盟在距离男女职业平等高级委员会（CSEP）的例行会晤前三天才知晓法案内容，因此表示十分不满。他们即刻致信劳工部部长，要求安排会面以了解法案的具体内容。各工会的态度如下：法国工人民主联合会（CFDT）和法国干部总会（CGC）已经采取行动以推动法案进程，法国总工会（CGT）、法国工人力量总会（FO）和基督教工会联盟（CFTC）弃权，法国企业运动工会（MEDEF）表示支持，法国中小企业联合会（CPME）表示反对。另外，上周五工会联盟又去函劳工部部长，此次措辞更为实际。

　　政府建立的男女同工同酬评分制度是五项标准的加权求和所得到的百分制制度。除了工资差异，该标准还会考察个人进修和升职情况、女性职工休完产假后升职的比例、公司薪资水平最高的 10 人中女性所占数额等。从该法案看来，如果一家公司的男女收入差距不超过 15% 就不会受到惩罚，而工会认为整体差距控制在 5% 以内才是可以接受的。对于此项法案，工会表示无法对该机制的影响进行具体评估，同时议员们也对制度透明度不足提出了批评。在他们看来，民众和公司雇员或许只能看到最后的总分，而且法案中也并没有明确规定社会经济委员会有权限查看计算不同指标的各个要素。工会联盟同时担心如果遇到"经济困难",实现男女同工同酬的实施日期可能在现计划基础上再推迟 1 年。

《回声报》2018 年 12 月 24 日刊

住房税——行政机关的新难题

　　法国总统马克龙于 2017 年 11 月决定取消住房税，即使许多市长对于这一决定心存疑虑。此后，法国议会致力于寻找可替代住房税的资金来源以补贴地方行政，而各项事务也将于今年春季的地方财政相关法案中得到商榷。

　　然而，近日的"黄马甲"运动引起了关于税收公平的辩论。面对当下紧张的社会局势，政府如何保证顺利通过对 20% 最富裕家庭减税 70 亿欧元的决策？经济财政部部长布鲁诺·勒梅尔（Bruno Le Maire）是第一个坦言政府或许可以重新考虑其立场的人。他在周日答记者问时提议，住房税是否取消应依据总统发起的全国大辩论结果而定。去年投票通过且将于 2020 年实施的取消 80% 家庭住房税的决定依旧保持不变，现在的悬念是剩下 20% 的纳税人是否也将免缴这项税款。在接受 RTL 电视台采访时，法国公共财物与行动部部长杰拉德·达尔马南（Gérald Darmanin）同意勒梅尔的观点，同时也发表了自己的看法："有些富人享受着高收入，住着大房子，因此人们可能觉得并不应当免除对他们的征税。"这个问题尚未完全得到解决的原因也是显而易见的：政府内部没能就此达成共识。一位部长警告说："我们不能将巨富税改革和住房税的取消混为一谈。受此项决定影响的主要人群是中产阶级，也就是我们的选举大本营，因此不可轻举妄动。"

　　去年三月份宣布的地方财政法案将不再适用。针对相关措施的辩论或于今年春季举行的预算小组会议期间，或是在 2020 年的财政法案中进行讨论。无论如何，政府都应在市政选举宣传之前确定框架，同时尊重宪法委员会提出的限制条件。考虑到税收减免是深入改革的重要一步，因此委员会在 2018 年财政法案出台时也曾表示支持对 80%的住房税纳税者进行税收减免。

《回声报》2019 年 1 月 8 日刊

工资：税费降低引争议

自 20 世纪 90 年代起，法国就开始推行降低低薪人员劳动力成本的经济政策，以最大限度地创造就业机会。2013 年，就业竞争力公税（CICE，Crédit d'impôt pour la compétivité et l'emploi）变成了税费减免，目标人群是薪资水平为最低工资 1~2.5 倍的人员。而奥朗德的"社会责任协定"将收入为最低工资 2.5~3.5 倍的就业人员也纳入其中。这一政策旨在降低中间收入人员的劳动力成本，以提高出口公司的竞争力，因此得到了法国企业运动工会（MEDEF）和企业的大力支持。

但如今，作为法国政府智库的经济分析委员会（CAE，Conseil d'analyse économique）分析指出，收入为最低工资 1.6 倍是一个阀值，他们对超过这一阀值的收入再作出减免的有效性提出了质疑。实际的研究结果表明，只有在收入接近最低工资标准时，降低税费才能够起到作用，才能真正创造工作岗位。相反，岗位工资越高，该措施对促进就业的作用就越小。这一结论与"减税应辐射所有人"的逻辑大相径庭。此前奥朗德提出的就业竞争力公税（CICE）政策覆盖直至收入为最低工资 2.5 倍的人群，可实际情况下它的针对性并不明显。同时，政策的受益者主要集中在管理层、高级知识分子和中等收入者，并非低收入人群。

根据现有数据调整的新政策将于 10 月 1 日开始实施，政策规定收入为最低工资 1~1.6 倍人群的应缴纳税费将下调 4%，这将创造或保障 8 万~20 万个就业岗位。相比之下，预估新增就业岗位数量在就业竞争力公税（CICE）时期为 10 万，但需投入的财政成本比现阶段高出 6 倍。而且，彼时政府所作出的"能够带来更多出口以提高企业竞争力"

的承诺也并未能实现，反而给国家财政带来了每年高达 40 亿欧元的经济投入。在总统马克龙看来，与其这般空耗资金，还不如将这笔钱投入支持职业教育培训的规划当中。他同时指出，减轻低收入群体的税收负担才是创造就业最快的途径。

《回声报》2019 年 1 月 15 日刊

法国将多管齐下减少公共支出

经济问题是法国现阶段关注的焦点问题之一。在此前与法国民众进行的大论战中，法国总统马克龙针对经济优先性、是否应取缔性价比失衡的相关公共服务等方面发问。而作为政府智囊团的法国战略局（France Stratégie）也在不久前就降低公共支出发表了可行性意见：在未来 5 年内，降低占国内生产总值 3% 的公共支出，适度控制社会支出，保持或提高国防、教育和投资支出比重。为达成这一目标，养老、健康和社会救助等社会领域都必将有所调整。法国的公共支出持续高涨近20 年，数额超过近 11 个西欧国家国内生产总值 8 个百分点。而造成这一局面的首要原因，在于过重的养老支出。法国战略局副委员 Fabrice Lenglart 表示，"相较于其他欧洲国家，法国的养老制度几乎算得上是全面社会化的，可与此同时，这一制度也过于'慷慨'了"。在社会救助方面，因贫困率相对较低，整体看来法国的办事效率还算差强人意，只是支出比重依旧未能与完善的北欧相比。除去社会领域，法国在政府开支、公共投资、经济援助等方面的资金投入也远高于其他欧洲国家。而在教育科研，特别是儿童教育和高等教育方面，法国的资金支持再一次落后于北欧各国。这对马克龙打造"创新型经济"的期许似乎并无助益。

如何能够实现政府"降低占国内生产总值 3% 的公共支出"的这一承诺呢？综合考虑，法国战略局表示要"平衡"调整各项支出，绝不可"拆东补西"。在增加教育、国防和投资支出的同时，需要相对降低政府工作、社会养老、医疗健康等方面的经费支持。尽管这些措施都将是缓缓而治的，但对国家经济的推动效果将会十分明显。当然，最重要的还是国家行政部门能够在制宪会议的要求下善始善终，把各类设想落到实处，否则都只是纸上谈兵。

《回声报》2019 年 1 月 18 日刊

购买力增长，有效再分配：
"黄马甲"功不可没

为应对"黄马甲"危机，法国总统马克龙于去年 12 月 10 日宣布新增 100 亿欧元资金支持，以期尽快使法国恢复常态。因税收和预算政策而备受压力的法国政府，因这一举措的实施而相对摆脱了艰难的局面。法国独立研究机构公共政策研究所（IPP，Institut des politiques publiques）首先观察到这一政策对法国不同社会阶层购买力转变的影响。该研究所相关数据表明，家庭可支配收入在"马克龙式经济"实行 2 年后将增长 1%，远高于去年秋季的预估值（0.2%），因此可以说，每个人应该都能从中获益。

再分配措施调整

值得注意的是，行政当局的税收和预算政策都已作出调整。根据政府文件，"秋季政府采取的措施已经对预算再分配产生了重大影响"。与"黄马甲"危机前的情况相比，"政策影响下遭受损失的人数下降，获益人群的收益则增长更多"。如果说"超级富豪"是马克龙执政以来的首批受益者，那么如今待遇相对改善的中产阶级则紧随其后。获益最少的则是领取高额养老金的退休人员。

中产阶级受到优待

实行这项举措后，利益受到损失的人数将会减少。原本预计第三季度法国近 20% 最贫困人口将面临购买力的下降，如今这一数据将下降至 10%。尽管如此，购买力下降的事实并没有改变。之所以经济状况最差群体的可支配收入持续下降，是因为他们之中非就业人口所占比例最大，因此很难从活动津贴的大幅增长中受益。相比之下，"黄马甲"措施对于收入在中上水平的中产阶级，影响则更为明显。这个阶层的收入增长几乎要比去年秋季的预测上涨一倍。当然，考虑到个人情况的多样性，这一预测也并不是绝对的。

《回声报》2019 年 1 月 24 日刊

法国公共财务与行动部部长瞄准税收抵免

在全国大辩论中，人们提出了许多关于征收富人税的想法，其中，法国公共财务与行动部部长杰拉德·达尔马南（Gérald Darmanin）所提到的对避税窟（避税窟，实为减免或逃避税收的各项措施）进行调整的建议，十分引人关注。虽自诩为"共和国公民"，但他为富人辩护的提议很有可能被付诸实践。一方面，允许纳税人中最富有的 10% 从避税窟中获益似乎并不正确，可另一方面，达尔马南于此前的采访中也已表明，这部分纳税人"已缴纳各项所得税款近 7 成"，他反对继续加重富人的纳税负担。

目前，具体调整细节尚未披露，但达尔马南提出了两种方案：或将家庭收入水平纳入税收计算体系，或继续降低税收减抵免限额（目前为 1 万欧元）。调整避税窟制度并非创新之举，历届政府早已对此进行了各种形式的实践以增加税收。

其实政府已经通过不同方式规定了某些避税条款的限额。因此，达尔马南可能不会过多考虑第二种方案。与其共事的相关人员称，部长的本意也并非继续降低已经处于较低水平的税收抵免限额。不过，能源转型税收抵免（CITE, Crédit d'i'mpôt pour la transition énergétique）的确会进行调整。达尔马南表示，"中产阶级在参与生态转型时理应得到帮助，而高收入人群或许可以通过资助的方式推动这一转型的成功。"据估算，今年能源转型税收抵免的成本为 8.7 亿欧元，大部分议员在考虑对其限额进行调整。

此外，达尔马南还希望通过发放补贴的形式替代税收减免，这对于纳税人而言或许意味着更多的获利。可随之而来的问题是近 100 亿欧元的公共财政支出。同期政府讨论的多项具有可行性的方案，都或多或少具有不同的弊端。各方巨大的压力使得推进该项调整的过程缓慢且困难重重。

《费加罗报》2019 年 2 月 5 日刊

全国大辩论：企业主们忧心忡忡

"黄马甲"运动爆发伊始，法国企业主们便处境堪忧。如今，总统马克龙在全国范围内召开大辩论，考虑到可能付出的代价，企业主们不禁忧心忡忡。一方面，他们急需建设性意见以帮助其走出危机，另一方面，也要时刻保持警惕，避免再次引起批评或引发劳动者新的请愿而带来又一次高昂的经济代价，进而影响公司盈利。不过从目前的情势来看，"黄马甲"的怒火尚未对企业主方面造成太大的影响，大规模罢工并未出现，对提高购买力的要求也多集中在征税而不是薪酬方面。

政府对企业主的态度还算仁慈。原本预估会出现的诸如最低工资标准上调、取消就业竞争力公税（CICE）和恢复巨富税（ISF）等情况都未出现，政府实际只是宣布将暂缓继续向公司提出降税要求，同时要求企业主们在自愿的情况下向员工发放一笔免税的特殊奖金。

事实上，企业主们尤其害怕有利于企业的改革会停止。法国企业运动工会（MEDEF）主席贝济厄认为，推迟改革将是一个非常糟糕的信号。在近日连续举行的全国大辩论中，恢复巨富税不断被提及。他认为，"应该让公众知道那些没被征税的钱都投资到了哪里，但或许因为解释起来过于复杂，相比之下还是谈论巨富税在过去几年里造成的损失更容易"。除了巨富税，许多企业家，特别是中小企业的领导人，都十分担心从此以后降低生产税就只不过是镜花水月而已。企业增长联合会（Croissance Plus）主席让·巴蒂斯特·达奈（Jean-Baptiste Danet）坚持认为"政府应该勇敢作出决定并努力实现生产税改革"。但并非所有企业主都如此乐观，有人失望地表示："马克龙的错误在于先对富人降税，随后又提高了诸如煤炭税等主要影响中低等收入群体的赋税。这不仅会影响他的整个任期，还会拖我们下水。"或许事实真的会向这个方向发展。此前定于 2018 年 12 月召开的公共部门高管会议，就在"黄马甲"事件的持续发酵中不了了之，直到现在都未能被再次提及。相同的情况有可能再次发生，企业主如果依旧寄希望于国家改革，认为这一系列的动作是体现政府深入改革意志的信号的话，结果可能会让他们大失所望了。

《回声报》2019 年 2 月 11 日刊

"黄马甲"使法国经济叫苦不迭

去年 11 月 17 日至今，法国"黄马甲运动"已持续 14 周。为应对此次运动，马克龙政府前后投入近 100 亿欧元额外购买力资金，也并没能有效抑制事态的发展。每周末，无论是巴黎还是其他地区，正常的生活都会受到各种示威游行的影响。不堪其扰的商家、手工业者和中小企业主纷纷反抗，或在政府部门旁拉铃示威，或是干脆关门大吉。

虽然根据法国国家统计局的相关数据，2018 年第四季度的宏观经济并未过多受到此次运动的影响，但实际上政府是在刻意隐瞒。法国中小企业联合会（CPME）坦言"黄马甲"对于中小企业而言是灾难般的存在，面对疯狂的打砸之举，业主宁可选择闭门歇业，不过歇业带来的收入损失是无法弥补的。原本被寄予厚望的圣诞折扣季也并没能很好地刺激消费；相反，商业中心全国委员会（CNCC, Conseil national des centres commerciaux）表示法国同期遭遇了 20 亿欧元的经济损失。以时装业为例，为期 3 周的冬季减价没能改变销售额下降 10% 的局面，这迫使法国全国服装业联合会（FNH, Fédération nationale de l'habillement）主席埃里克·梅尔兹（Éric Mertz）不得不代表近 4 万名个体服装从业者向政府提出，在今年第一季度对其免征相关税费。同样遭受重创的还有法国酒店行业。从去年 11 月底开始，巴黎的周末游客到访率大幅下降，全法境内不论是首都的旅游胜地，还是外省的景点，都备受冷落。道路交通方面则犹如雪上加霜，拥堵不仅导致众多大城市药品运输中断，更是给道路运输从业者带来了包括业务损失、延期到货赔偿以及交通罚款等在内近 20 亿欧元的财产损失。

为帮助企业渡过难关，政府虽采取了措施（例如赋予企业要求提供资金拨付报告和加速清偿抵免的税金等权利），但收效甚微。更为严重的是，"黄马甲"运动给就业带来的压力在与日俱增。近 5000 家企业在 1 月份向劳工部递交了 7 万多份临时失业申请，较去年 12 月多出了 2 万份。要想解决这一问题，政府面临的将是 3800 万欧元的额外资金投入，这对于法国经济而言将是雪上加霜。

《费加罗报》2019 年 2 月 16 日刊

失业保险商谈失败，
法国政府即将介入

　　本周三，第十次工会与企业主就失业保险展开的协商会议，在进行了不到一小时后便以失败告终。法国企业运动工会（MEDEF）代表于贝·蒙贡（Hubert Mongon）表示，企业主已作出了最大的努力，但仍无法与工会协商出令彼此都满意的结果。劳资双方自去年 11 月起，经过几个月的协商，根本未曾就关键问题实现任何有价值的进展。一方面，企业主坚决反对实行保金奖惩（bonus-malus）制度，抑或为了遏制滥用短期劳动合同而增加资金投入。另一方面，工会也不希望看到因劳动者待遇得不到改善而可能在未来 3 年内出现的近 40 亿欧元的经济损失。由于不想承担失败风险，没有人愿意踏出第一步，双方就这样僵持不下，总在互相推诿。如今，协商虽失败，可事情却远远没有结束，政府将在极大的社会压力下接管这一事务。劳工部部长佩尼科坦言，商谈失败十分令人惋惜，不过在接下来的几天当中，相关解决办法和推进日程都会得到公布。而政府一旦接管，无论是对工会还是企业主而言，都将是为自己争取最大权益的契机。

　　法国工人民主联合会（CFDT）和法国企业运动（MEDEF）在协商结束前提出与劳工部一道开展三方洽谈。但企业代表们的态度却令人瞠目，他们指责马克龙总统与菲利普政府的做法"有违真正的社会民主"，在他们看来，工会与企业主时而追求独立协商，时而又想要依附国家解决问题的心态是在当局"假意民主"影响下的一种近乎精神分裂的状态。法国工人力量总会（FO）态度坚决，表示不会轻易允许政府放弃保金奖惩制度的实施，而企业主也作出会抵抗到底的姿态。新一轮的对抗即将拉开序幕。

《费加罗报》2019 年 2 月 21 日刊

赤字：债务成本降低或减轻法国经济负担

　　随着"黄马甲"运动的不断推进，法国财政和市场状况一度陷入困境。不过，在过去几周里，利率上升的可能性逐渐降低，公共赤字融资成本也不会大幅上涨。法兰西银行甚至认为，到2021年债务负担将会下降，而不是像此前政府预测的那样继续增加，这可能会出乎意料地给行政部门的财政预算带来缓和的余地。

　　到目前为止，法国政府已根据"欧洲央行（BCE）欧元区货币紧缩政策的设想"确定了本国财政政策的指导方向，这也被写进了于2018年4月发布的稳定计划。但与预计时间相比，具体的实施可能要等待更久。欧洲央行执行委员会委员伯努瓦·科雷（Benoît Cœuré）指出，"通货膨胀的速度将逐渐放慢，欧元区经济发展放缓的程度明显超出预期。未来我们应该适应这种情况"。因此在一段时间内，融资环境仍将较为温和，法国顺势而为，于上周发行了30年期收益率为1.6%的债券。

　　去年12月，法兰西银行就法国宏观经济状况作出了相关预测。该预测显示，政府已经作好了应对利率上涨的准备，甚至在未来几年的财政预算中也作出了相应的防范。文件中还提到，国债的平均年限为8年，假如到期时的负债率低于8年前，从长远的角度来看，因市场利率上涨而对公共债务融资带来的影响将会得到抑制。这就意味着政府将会有相对充裕的时间来考虑下一步的措施。更可喜的是，考虑到目前的债务量，法兰西银行甚至预计在未来几年内，公共财政的债务负担将继续降低，其比重将"从2017年占国内生产总值的1.9%降低到2021年的1.3%"。

不过，为应对"黄马甲"运动而临时增加的 100 亿欧元的资金对法国的财政赤字而言的确是不小的压力。但考虑到不断走低的市场利率，情况或许还没那么糟。马克龙也可能借此契机，实现前总统奥朗德在任时所提出的降低 40% 财政赤字的期许。

《回声报》2019 年 2 月 26 日刊

社会与文化栏目

伊斯兰国再次瞄准法国心脏

在这个宁静的小城里发生的恐怖袭击使全国陷入了恐慌。此次伊斯兰国在奥德省发起的恐袭，证明威胁从未减少。整个国家被悲哀的气氛笼罩，马克龙面临考验。截至周五晚，已有至少 4 人死亡，4 人受伤，其中 1 人伤势严重。

恐怖分子勒杜安·拉克迪姆是摩洛哥裔法籍男子，26 岁，有犯罪前科。"在 2016 年，因'毒品交易'入狱，"热拉德·科隆博揭露道。此外，有一段时间他有激进的苗头。"他是单独行动的，"热拉德·科隆博说，"我们追踪过他，认为他并没有激进化倾向。但是他突然就发起了袭击。"在为预防恐怖主义所统计的嫌疑人体貌特征的文件中，上个月至少有 19745 名嫌疑人，勒杜安·拉克迪姆就是其中之一。

异想天开的要求

早上，勒杜安·拉克迪姆先在卡尔卡松镇偷窃了一辆灰色的欧宝可赛车，枪杀一名乘客并打伤司机。之后，他向 4 名正在慢跑的警察 5 次开火，导致 1 名警察肩膀受伤。

据目击者称，大约在 11 时 15 分，手持手枪的勒杜安·拉克迪姆高喊着"真主万岁"，突然冲进商店，枪杀了一名店员及一名顾客，其他的人质成功逃脱，但仍有一名女性遭受挟持。部队宪兵队的一名中校立即赶到，自愿和这名人质交换。在谈判阶段，恐怖分子和国家宪兵干预队分局僵持了许久。勒杜安·拉克迪姆突然异想天开地要求释放 2015 年 11 月 13 日巴黎以及圣·丹尼恐怖袭击事件唯一在世的嫌疑人萨拉赫。但这一复杂的对话后来被打断了。

临近下午三点，国家宪兵干预队图卢兹分局发起突袭，击毙了绑架者，一名警察受枪伤。作为人质的中校伤势严重，他被直升飞机送往卡尔卡松镇医院进行抢救。内政部部长科隆向他的"英雄主义"致敬。

夜间，调查人员努力追踪勒杜安·拉克迪姆的犯罪路径，搜查他所在的街区，希望查明他能否和伊斯兰国军事基地横行的恐怖分子取得直接联系，并希望找到一些线索来解释是什么导致了他这一毁灭性的行为。

《费加罗报》2018 年 3 月 24 日刊

法国民众对卫生系统越来越不满意

　　法国医疗卫生体系改革和发展的历次项目亟待取得成果。虽然仍有59%的法国人认为法国医院医疗系统是最好的，但相关满意度指标数据显示出明显的降低趋势：2016年6月74%的法国人高度评价医疗系统，但在2017年10月这一数字降低到67%。在欧洲，德国的医疗系统排名最高，法国则被英国反超，仅排在加拿大前。法国医患关系的不满意程度呈3倍增长，同时对护理路径的满意度从2015年5月的69%下降到2018年3月的49%，其中医院负责人不满意指数高达90%。

　　在医疗设备和新兴技术层面，法国低于欧洲平均数值10个百分点，仅略微高于卫生系统被严厉批评的意大利。数字化、新兴技术的工具和服务在满意度指数中有着举足轻重的作用。客观上，配备良好技术设备的医疗机构会更容易让民众对其满意度和形象产生积极看法，其次，81%的医院负责人和86%的民众认为数字化发展有利于改善治疗和改进护理，76%的医生认为数字化有利于为患者选择更适合和确切的治疗方式。

　　对大部分法国人、医生和医院负责人而言，互联健康是一个绝佳机遇。调查数据显示大部分法国人认可电子健康（eHealth），认可其用于术后随访并认为电子健康有助于改善非药物疗法。波尔多大学医院中心的实地研究表明数字化工具已被各年龄阶层所接受，但作为一场真正的医疗改革，数字化时代的来临还需要国家的支持。

　　在信任相关机构的前提下，76%的法国人表示愿意共享其个人健康信息以用于推进医学研究。然而，虽然患者和医疗保健专业人员都表示已准备好接受数字化工具和服务，但实际的使用仍十分有限。尽管

80%的法国人表示愿意尝试数字化工具，但医生认为实际只有33%的患者同意。另外，86%的法国人表示医生从未向其建议健康互联工具，但50%的医生表示已向患者提过相关建议。

《费加罗报》2018 年 3 月 26 日刊

法国国营铁路公司的严重罢工将会继续

本周末，法国国营铁路公司（SNCF）总负责人亲自发声，建议顾客将一些受影响的行程取消。本次罢工从本周一 19 点正式开始，参与人员众多，在接下来的三个月里将会严重影响法国人的生活。根据工会制定的罢工日历，直到 6 月 28 日，铁路工人将实行每五天停工两天的罢工。

如此一系列的罢工引发了大规模的交通瘫痪，公司管理层将于周六晚 7 点得知此次运动的详细进展情况。3 月 22 日，四个铁路工会组织中的两个已经呼吁组织游行：支持罢工的比率已经超过了 35%。这一次，四个工会都号召游行反对法国国营铁路公司（SNCF）的改革。

"如果工人的参与率很高，混乱可能于周一 19 点就开始，"法国国营铁路公司（SNCF）副总经理马蒂亚斯·维西拉（Mathias Vicherat）预测，"出于谨慎考虑，我们提前采取了措施，建议旅客们推迟行程。"法国国营铁路公司（SNCF）与位智（Waze）和脸书（Facebook）均有合作，鼓励市民选择拼车出行。可以想见，在接下来的日子里出门将是个令人头疼的问题。

在周五的最后一次和谈中，法国交通部部长伊丽莎白·博尔纳（Élisabeth Borne）提出了一系列针对铁路工人的社会保障制度，在铁路部门引入市场竞争机制后，他们的身份将变为私人雇员。和谈中并没有提到任何关于取消铁路工人特殊身份（可以提前退休、免费乘车等）的问题，而这正是造成目前紧张局势的关键问题。几周以来，政府和工会之间举行了多次磋商会议，而工会期待进一步谈判。"现在，我们没有得到任何确切的可以让我们的铁路工人停止罢工的信号，"法国工人民主联合会铁路工人分会（CFDT-cheminots）的副秘书长雷米·欧弗莱-普雷维（Rémi Aufrère-Privel）坚持说，"如果政府能向我们解释清楚取消铁路工人的特殊身份能如何改善 SNCF 的境况，那么这将是一个积极的刺激。现在就连像法国交通发展集团（Transdev）这样的私营企业都已经准备好接纳享有特殊身份的员工了。"

《费加罗报》2018 年 3 月 31 日刊

法国将彻底改革报刊零售体系

法国文化部近日表示，考虑到报刊零售业高达 50% 的业绩下滑以及超过五成的滞销库存，今年夏天前将出台法令，彻底改革自 1947 年确立的报刊零售体系。该体系以信息传播的"自由平等"为原则，限制报刊零售业主售卖的刊物种类及数量。

减少硬性干预、尊重信息多元

新体系有望在保证信息传播多元化的同时，给予零售业主更多选择空间。相关人士透露，报刊亭将有可能在售卖 200 种指定的政治和综合性刊物以外，自行决定其他刊物类型。销售模式将走向市场化。不过，一切改革的前提是挽救危在旦夕的法国媒体发行公司 Presstalis。该公司在过去 70 年里掌控着法国 75% 的报刊市场，然而纸媒的衰落、与日俱增的负债、过于庞大的组织架构等原因导致 Presstalis 在 2012 年曾濒临破产，财务状况至今堪忧，2017 年亏损高达 2200 万欧元。该公司将在近期作出一系列调整，包括转让部分资产、裁员 200 至 300 人、向政府贷款等。

拓宽销售渠道、全面覆盖市场

零售业主对新体系表示欢迎，同时期盼 Presstalis 能真正着手解决具体问题，改变长期以来因管理混乱而引起的延迟交货、沟通不畅、库存积压等现象。去年 11 月新上任的 Presstalis 首席执行官 Michèle

Benbunan 承诺，今后将每月举行例会，与各报刊社保持密切联络，及时调整经营策略。在给予零售点一定程度的自主性之外，公司还计划拓展新的销售渠道，使报纸杂志进入小型超市和其他卖场。但如此一来，报刊社和读者的利益得到了保护，零售业主所面临的市场竞争将更为激烈。有数据表明，法国在 2008 年约有报刊零售点 3 万个，2018 年初只有 2.3 万多个。

《星期天报》2018 年 3 月 4 日刊

女性时尚杂志《Glamour》改版再出发

　　康泰纳仕旗下的女性时尚刊物《Glamour》法国版，2017 年的发行量与销售总额分别锐减 21% 和 27%，迫使该出版集团对其进行全面改版。从 3 月 15 日最新一期起，《Glamour》由过去的单月刊改为双月刊，每期围绕一个主题，用"真实而有意义"的内容取代以往的"消费主义"色彩。新版杂志将提高售价，并从多方面着手降低成本：裁员、使用环保再生纸、减少一半发行量（从 50 万减为 25 万）。考虑到目前杂志收入的三分之一来自于线上媒体，且这部分比例增长迅猛，《Glamour》将在三月中旬推出一个以视频为主的手机网站，音频内容也在酝酿之中。杂志的目的是在不同网络平台针对特定受众扩大影响，从而提高对广告商的吸引力。康泰纳仕的法国主席 Xavier Romatet 表示，这次改版是对这个进入法国 14 年的媒体品牌的全新创造，所付出的努力并不比几年前引进《Vanity Fair》和《GQ》来得少。

行业周期性衰退

　　《Glamour》法国版的改革反映出整个女性杂志行业正经历着寒冬。2017 年，几乎所有主要女性杂志都在走下坡路，《Madame Figaro》和《Elle》的销售总量分别减少 3% 和 0.9%，《Grazia》更是下降了 11%，与《Glamour》同样面临着全面整改的命运。从全球范围来说，后者作为时尚媒体品牌也是前途堪忧，康泰纳仕试图在不同市场以不同方式为其注入新的生命力：美国版的出版周期拉长、版面缩减，总编辑换成了前美国有线电视新闻网（CNN）的社交媒体主管 Samantha

Barry；英国版的变动更剧烈，纸质杂志直接变为半年刊，仅提供美容资讯。

《费加罗报》2018 年 3 月 6 日刊

《马克思与马斯特罗》：
法国电视四台希望通过崭新的
动画节目使年轻一代关注古典音乐

说唱乐与古典乐的距离只有一步之遥。生活在平静小镇上的 11 岁男孩马克思，作为嘻哈乐队中的吉他手，受到朋友们的欢迎和喜爱。有一天他无意中遇见了"疯老头"马斯特罗，没料到他曾是国际著名的乐团指挥家（人物以著名钢琴家丹尼尔·巴伦博伊姆为蓝本）。随后马克思发现了自己对古典音乐的热情和天赋，但却向朋友口是心非：谁还会听这么"老掉牙"的音乐呢？法国电视四台通过讲述年轻一代的日常生活，促使他们更加关注古典音乐，这就是动画《马克思与马斯特罗》的目的。

"倾听彼此"

马克思不仅在马斯特罗的教导下学习乐谱，也获得了许多人生的智慧：倾听彼此——不仅适用于音乐会同样也有助于朋友相处。每一集中的音乐知识也与个体的生活方式相对应，向观众展现古典音乐和城市文化结合的魅力。剧中音乐由法国说唱歌手阿肯那顿演唱，展现出一种"混合"的创新性。歌手阿肯那顿在该动画节目的新闻发布会上表示，说唱音乐一直与古典音乐紧密相连，我们现在能够依靠取样技术混合所有的音乐模式。他还表示"古典音乐不被人所听，而我们的音乐不被认可"。而动画《马克思与马斯特罗》有利于通过主人公马克思的视角使两种音乐风格相互丰富，使两种看似对立的音乐相互补充。

　　法国电视四台制片主任 Tiphaine de Raguenel 总结道："（该动画）能够向青少年提供机会，让他们去探索一种同龄人不太听的音乐类型。"《马克思与马斯特罗》致力于推广被贴上"精英"标签的古典音乐，使之成为青少年的选择之一。

《世界报》2018 年 3 月 25—26 日刊

克劳德・德彪西，
一位怀才不遇的现代艺术家

古典的音乐

今年 1 月 19 日，法国总统马克龙和德国总理默克尔一同在巴黎的 Philharmonie 音乐厅聆听了钢琴家 Daniel Barenboim 演奏的德彪西的作品。法国总统这个新颖的开场拉开了"德彪西年"的序幕，这是对德彪西（被 Pierre Boulez 认为是法国最包罗万象的音乐家）百年诞辰的纪念。他去世时第一次世界大战已经接近尾声，人们在他死后对其产生的历史影响力有诸多思考，从 1914 年后，他就化身为"法国的克劳德"。当晚，法国文化部部长弗朗索瓦・尼赛（Françoise Nyssen）说，今后要让克劳德・德彪西的音乐走进每个法国人的生活。

在外交性的序幕拉开两个月后，真正意义上的"德彪西年"于 3 月 25 日开始了。3 月 25 日是这个音乐家的忌日，他享年 55 岁。这个周末，德彪西的音乐在各大音乐厅里回荡。德彪西将建筑学和梦想相结合，这种独创性让钢琴家去演奏一种力度逐渐变弱的、抽象而主观的声音。

"这是一首能唤醒声音全新特性的乐曲"

作曲家 Hugues Dufourt 能对德彪西式音乐悖论表示理解，产生共鸣，"钢琴家应该既要使得人们清晰地听到每一个音符，也要让人们一个音符都听不到。这一点对管弦乐队也是有益的：全部都听到了，但是什么也识别不了。如果我们没有这种重要的才能，我们就什么也不是。"德彪西的成就没有拉威尔的《波莱罗舞曲》那样具有象征性，他也不属于任何一个通常意义的音乐家流派。"他不是钢琴演奏高手，也不是风靡一时的歌剧作曲家，他也没有一个正式的职位，当他正式开始指导演出作品时，不幸就降临了。正如 1909 年 2 月 27 日，在伦敦的女王礼堂，结肠癌使他疼痛难忍，他不得不放弃指挥《夜曲》。"

《世界报》2018 年 3 月 25—26 日刊

Massimo Bottura，美好、荣誉和餐厅

在巴黎的玛德莲教堂（La Madeleine）中，意大利米其林三星大厨刚刚开设了第四家分店 Refettorio，这家餐厅是为贫困民众所设立的。

造型艺术家和设计师

上周四，Massimo Bottura 为他的新餐厅 Refettorio 举行落成仪式。Refettorio 位于成立于 1969 年的 Madeleine 联合餐厅里面，人们可以从教堂右边的小门进入。每天中午，志愿者们会准备 300 多份热腾腾的便宜饭菜供贫困者食用，经济最困难的的人只需要支付 1 欧元。就像在他的其他餐厅一样，Bottura 主厨邀请造型艺术家和设计师为新餐厅出谋划策。因为对他来说，道德规范和美学不是唯一的理念。Bottura 表示，"为地球上的居民供给食物，是在反对浪费。通过提供美好的食物，让来这里吃饭的人们重建自尊。"建筑师 Ramy Fischler 和 Nicolas Delon 与街头艺术家 JR 以及雕刻家 Prune Nourry 合作，为餐厅的拱顶长廊注入艺术魅力。Nicolas Delon 指出，"对他人的尊重，体现在对装饰、餐具和家具细心挑选，遗憾的是，只有很少的社会项目可以将精致、美学和舒适结合起来。"

Refettorio 餐厅晚上只为无家可归的人和难民开放，为他们准备第一顿饭，这是由 Alain Ducasse 和 Yannick Alléno 的团队精心设计的。餐厅每天的菜肴是类似的，由家乐福、Métro 集团、Accor 酒店、Fauchon 和 Madeleine 餐厅周边公司提供临近保质期的食材。Bottura 主厨不仅在

反对食物浪费方面彰显了才能，他还邀请了世界上最著名的大厨积极参与这个计划。他将高贵的品质融入到每一天的菜肴中。

《费加罗报》2018 年 3 月 18 日刊

法德应合作开发人工智能

　　法国总统马克龙在今年1月访问北京时，曾在中法人工智能合作论坛上发表闭幕演讲。他表示，为了追赶中、美两国在大数据和人工智能领域的前进脚步，法国必须制定国家层面的发展战略。3月29日，马克龙在法兰西学院举办的人工智能峰会上，第一次正式公布了这项战略，主要内容包括：一、2022年以前实现15亿欧元的投资，打造"法国人工智能生态系统"，其中4亿欧元用于"颠覆性创新项目的招投标"；二、由法国信息与自动化研究所负责，启动针对人工智能技术的国家科研项目；三、开展一个法国和德国合作的研究项目。德国教育与研究部部长出席了这次峰会。

　　法国现任政府将投资新兴产业视作扭转经济颓势的救命稻草，近期在人工智能领域展现出了相当大的决心。但要把决心落实，要领导欧洲在新兴产业发展的赛道上抢夺有利位置，获取德国的支持就显得至关重要。目前的难题是，整个欧洲无论是在超级计算机的开发、相关创业公司的数量还是资金投入上都远落后于中国与美国，而多数欧洲国家领导人并没有意识到问题的紧迫性和严重性。就德国来说，尽管已经建立了人员庞大的人工智能研究中心，但对于如何与中国和美国在投资和技术商业化方面抗衡，却没有明确的长远规划。而要使这样一个传统制造业强国真正抛开顾虑、大力鼓励与信息技术相关的创新行业发展，并非一件容易的事。

　　为促成法国和德国在人工智能领域的全面合作，德国应当认真考虑增加对该领域的资金投入，从百万欧元的概念转换为十亿甚至更多。其次，德国应该一方面推进着眼未来的基础性研究，另一方面增加对短期、高风险、高商业价值的科研项目的支持。另外，效仿中国以优越条件吸引人才回国进行新技术开发，将有利于欧洲尽早在人工智能领域与中国和美国形成"三足鼎立"局面。最后，欧洲向来对人工智能的道德与法律问题十分关心，只有在这场国际竞赛中保持优势地位，才能贯彻符合欧盟价值的人工智能伦理观。

《世界报》2018 年 4 月 5 日刊

巴黎将如何举办 2024 年夏季奥运会？

牛津大学萨伊德商学院于 2016 年公布的一项研究报告显示，夏季奥运会的举办费用约超出预算 176%。鉴于往届奥运会的巨额花费，也为吸引更多城市参与奥运会申办，近年来，国际奥委会提倡节俭原则，注重场馆建设的可持续性发展。巴黎作为 2024 年夏季奥运会的主办城市，竭力拥护这项原则，试图通过多个组织单位间的互相协调来达到不超过 68 亿欧元总预算的目的。

巴黎奥运会 95% 的运动场馆将由现有设施充当，新建场馆仅水上中心一处。然而，上月法国政府委托专家制作的报告指出，假若不修改建造计划，包括水上中心、奥运村以及媒体中心在内的几项工程将大大超支，而且无法按期完工。对此，巴黎市市长安娜·伊达戈（Anne Hidalgo）承诺说，将尽可能把工程费用控制在原计划的 15 亿欧元以内，如若超支也绝不再多动用纳税人的钱，届时会设法募款。

相关组织单位任务繁重，时间紧张。2018 年是巴黎为 2024 奥运会全面打基础的一年；从 2019 年 1 月开始，将在国内招募赞助商（已有国际合作伙伴），并开始奥运村的建造工程，预计 2023 年完工；水上中心计划在 2020 年开工，同样预计 2023 年落成。

《费加罗报》2018 年 4 月 5 日刊

塞纳河畔人行道遭诉讼抵制

巴黎市市长 Anne Hidalgo 3 月新法令遭诉讼抵制

塞纳河行人专用通道改革方案又起波澜。巴黎中心区河岸居民及商贩联合会将在 5 月 6 日前对 Anne Hidalgo 3 月 5 日颁发的新法令提起诉讼（在法律允许的诉讼期限内，即巴黎市市长签署法令后的两个月内）。联合会所委托的诉讼代表 Essonne 律师团成员 Jacques Delacharlerie 在《费加罗报》上指出："河岸人行通道再次关闭是市长考虑已久的决定，并不是行政法庭所要求的基于对于糟糕的巴黎交通后果的真实全面的考量。"除了巴黎中心区河岸居民及商贩联合会，加入该诉讼团队的还有遗产与环境联合会，巴黎圣母院及周边景点保护协会。他们抗议的是 Anne Hidalgo 在该决定中的固执，尽管可能有替代方案，但她仍然拒绝对话。

今年 2 月 21 日，巴黎行政法庭驳回了巴黎市市长 2016 年 10 月 18 日提出的第一个法令，该法令试图在蓬比杜大道上的杜伊尔地下通道与亨利四世通道中间建立一个公共散步区域，面积达 3.3 平方公里。该法令缺少调研。"这其中有一些对实际效果的不准确判断，信息不充分及研究不足的问题……在机动车交通，大气污染物排放，噪音污染等方面"，这几句话在判决中清晰可见。

为了不让行政法庭的法令失效，在巴黎行政法庭对文件进行核实前，Anne Hidalgo 又于 3 月 6 日通过新法令颁布了《道路机动车路关闭》条款，这和 2016 年的第一版十分相似。对于反对人士而言，这实在操之过急了。

不对称性

实际上，道路公共法典第 I. 2213. 4 条允许市长"出于噪音控制，大气保护，动物活动空间保护的目的阻止某些道路上车辆的通行"，但 Jacques Delacharlerie 认为"这个决定应该是应大家的需要而作的，而且其对环境的影响应该得到评估。不可能只用 15 天的时间就得出一个严肃的结论"。他还注意到条款的"不对称性"，"这是个必要性完全没有展示出来的强制性禁令。为了某些人的便利，行政机关每天在必要的通行路线上减少 4 万多机动车通行"。

不论发生什么，这些申诉者应该有耐心。对于第一个法令的诉讼，行政法庭用了 16 个月来作出判决。它理论上要等上 2 年，河岸边的纠葛还远没有到了结的时刻。

《费加罗报》2018 年 4 月 17 日刊

城市农业开始生根

——第三届"48 小时城市农业"本周末举行

环　境

尽管城市里满是混凝土和沥青，城市农业的概念似乎在城市里悄然生根了。"48 小时城市农业"这周末在法国和比利时举行。

这已是该活动的第三届，组织者们在法国 15 个城市和比利时 2 个城市里接待了 10 万余参加者，组织了大约 500 场活动。这些活动内容多样，包括在街道上种植植物、交换种子、参观城市农场以及开展园艺课程等。斯特拉斯堡两年前就响应了这个活动，在 Citadelle 公园举办了城市园艺节。起初，这是由农学工程师 Antione Devins 和科学家 Swen Deral 在四年前共同创立的一个巴黎协会，名称是 Sauge（慷慨且有参与性的都市农业协会）。他们指出，"我们本希望开展一个类似于音乐节的活动，但是这次是为了谈论城市农业，用植物装点城市并且让市民意识到食品的重要性"。

在巴黎的夏季进山放牧

巴黎市民能够在 Villette 公园里参加 12 只绵羊放牧的夏季活动。负责绿色环保空间的巴黎市市长助理 Pénélope Komitès 说道，"巴黎打算在 2020 年建成约 100 公顷的屋顶和用草类植物覆盖的墙面耕地，其中三分之一将作为城市农业。"法国农业科学研究院（INRA）的负责人

Christin Huyghe 指出，"这还远谈不上是一个时尚现象，城市农业的快速发展体现的是城市居民对于天然食品以及膳食平衡的需要，这是一个很有价值的产业。"

城市农业同样也被列入将于五月底在戛纳召开的第 114 届公证人大会日程中。公证人大会主席 Emmanuel Clerget 明确指出，"缩短业主和蔬菜园丁之间的差距，正是我们努力的方向"。

《费加罗报》2018 年 4 月 21 日刊

布朗利河岸博物馆举办亚洲灵异展

在日本北斋漫画中，长颈妖怪辘轳首的脖子绵延不绝，如噩梦一般。同样还有许多怪谈，比如含恨而死的女子阿菊，在水井旁数着盘子；被丈夫抛弃、下毒而容貌尽毁的女子阿岩，死后变成女鬼寻仇。另外，泰国的鬼妻在丈夫上战场期间难产而死，变成鬼后阴魂不散。这些鬼怪在亚洲文化中广为流传，就如同西方的吸血鬼德古拉和白夫人。这些妖魔鬼怪都将在布朗利河岸博物馆（Musée du Quai Branly）举行"安息日"。

通过这次展览我们会发现，最古老的鬼怪可以追溯到 12 世纪，最早出现在一些日本画卷上。在佛教世界中，喂养一直挨饿的鬼魂就能让他们安息，因此在墓地中会堆积祭品。这些鬼魂因轮回之路被阻断而被困于阴阳两界之间，他们藏匿在东南部的丛林中，头部飞来飞去，露出可怕的獠牙和内脏。这些阴沉恐怖的人物形象是佛教与当地信仰的结合物——在中国是道教，日本是神道，泰国则是鬼神崇拜。这场展览就像一副恐怖的舞台布景，惊险刺激，再加上怪诞的诗意和艳丽的色彩，对于寻求刺激的人来说是一场盛宴。

在宗教与流行文化之间

事实上，这些鬼怪们幻化成木偶在泰国的泛灵园中漫游，或者变成中国古代墓地的守卫人。几个世纪以来，这些鬼魂们一直是中国皮影戏和日本能剧中的明星人物，在当代艺术中也有他们的身影，例如泰国 Anupong Chantorn 的超现实主义画作，20 世纪 80 年代的电子游戏（老

248

式的吃豆人)。

　　布朗利河岸博物馆制作了多个全息图和树脂雕塑，例如穿着官袍的驱魔道士。另外，我们在漫画、动画和中国香港的鬼怪电影中，也将看见许多坟墓之外的展品。例如中国香港的鬼怪电影中会出现 18 世纪传说故事中的功夫僵尸等。在亚洲文化中，佛教相信轮回，但展品中我们会发现因果报应失败的缘由非常多。博物馆馆长 Stephane Martin 表示，"这正是一个我们反向思考的契机"。

《世界报》2018 年 4 月 27 日刊

Al Musiqua 音乐展览

——巴黎爱乐音乐厅奏响阿拉伯乐曲

"这是一场梦幻的时空旅行，在被暴力和误解污染的环境下，我认为它是一次打开心灵的畅快呼吸。"音乐展览《阿拉伯世界的声音和音乐 Al Musiqa》将在巴黎爱乐音乐厅进行。在法国生活了三十年的摩洛哥音乐家 Aziz Sahmaoui 十分激动，他补充道："它珍视我们的文化。"

"伟大的艺术宝藏"

巴黎爱乐音乐厅的此次展览以其主题范围之广，程度之复杂为突出特点，引发了对相关问题的思考，首先就是关于"阿拉伯世界"的概念或伊斯兰教与音乐之间的关系。"阿拉伯世界最初指阿拉伯半岛。而今天则意味着隶属于阿拉伯国家联盟的 22 个国家，它们以阿拉伯语言作为官方语言之一或者有共同的伊斯兰文明，"伊斯兰文化研究所（ICI）的主任 Véronique Rieffel 解释道。这个研究所是她在巴黎市市长的要求下建立的，于 2006 年开幕。她强调："我们坚持区别穆斯林世界和阿拉伯世界，避免混为一谈。"同时，她也试图消除一些偏见："我们试图澄清所谓的伊斯兰教对音乐的禁止。这与先知无关，只是后来有些严格信徒禁止了它。伊斯兰文明中曾发展过声乐艺术。"

除了教学和文化目的之外，展厅专员承认巴黎爱乐乐团呈现的这种规模空前的、展出也具有政治层面的考量。这次展出"将阿拉伯音乐在法国和世界的神秘历史展现出来，并表明其在国家领土上已创造出巨大的艺术宝藏"。展览的内容及举办地址不仅向所有巴黎人发出了强有力的信息，也走出巴黎，面向全法国。在当前文化环境下，关注"常在误解和幻想中扭曲"的文化十分重要，这是一个强有力的必要的姿态，这也是法国赢得反对蒙昧主义和无知的斗争的利器。

对于叙利亚歌手 Waed Bouhassoun 而言，展览和音乐会的意义也在于以一种不同的方式谈及阿拉伯世界，"去展示那儿不是只有战争，同样也有独特的美丽"。

《世界报》2018 年 4 月 27 日刊

法美合作重启"洞察号"(InSight)火星探测计划

2018 年 5 月 5 日,美国国家航空航天局(NASA)在加利福尼亚中部的范登堡空军基地发射了火星探测器"洞察号"(InSight)。这项 2011 年启动、耗资十亿美元的计划,是 NASA 利用地震勘测、地质测量以及热传输技术探索火星内部的重大尝试。"洞察号"的筹备工作离不开欧盟合作伙伴的支持,其中重要设备——SEIS 地震仪由法国国家空间研究中心(CNES)提供,这是法国科学家在历史上首次为美国航天计划解决关键性的技术难题。

事实上,"洞察号"的发射时间比原计划推迟了两年。2016 年 3 月,NASA 临时取消发射任务,当时公布的原因是,用来放置地震仪的真空舱出现了泄漏,如今这一问题已经得到解决。CNES"洞察号"合作项目的负责人 Philippe Laudet 表示,SEIS 地震仪的设计制造是一项巨大挑战,它能在巴黎检测到诺曼底的海浪变化,勘测能力堪比当今最先进的地震仪器,其特殊之处在于,为符合在外太空执行任务的极端需求,它的体积仅为一个足球大小,十分轻便(9 千克),而且异常坚固。传统地震仪甚至无法经受住哪怕几秒钟的火箭发射过程。美国 1976 年向火星发射的"维京一号"(Viking 1)和"维京二号"(Viking 2)飞行器各配有一台地震仪,但受技术限制,均没有发挥作用。

《费加罗报》2018 年 5 月 21 日刊

法国-以色列交流季局势紧张

从 6 月到 10 月，法国和以色列两国艺术家将进行文化遗产方面的相互交流，但预计会受到抵制。通过这个交流季，法国和以色列将互相沟通有无，400 个活动将突出介绍双方的创造力、创新力和青年力量。交流季从大皇宫（巴黎八区）对以色列高科技的示范开始。虽然这个犹太国家刚刚庆祝独立 70 周年，但是对于初创企业来说这里存有发展空间，这点对马克龙总统和法国商界具有很大的吸引力。

文化方面，交流季并不依靠文化遗产，因为文化遗产曾被认为太扎根于过去了。因此，此次交流将突出爵士乐、舞蹈、当代艺术、电影或越来越吸引欧洲的以色列美食。特拉维夫是一座电力十足的时尚城市，将在巴黎、里昂、艾克斯、马赛、里尔等地区显示其魅力。反之亦然，拉罗谢尔的"法兰克狂欢"（Francofolies）和南特的"狂欢日"（La Folle Journée）等音乐节将前往以色列各大城市。

即使两国都强调他们的"友谊"，以色列大使在向媒体报道流程时也多次提及这个词语，但交流季的时间并不是最佳。交流季准备了三年，但却在加沙地带发生致命的暴力事件之后开始。这一事件提醒双方以色列仍处于战乱之中。但以色列习惯于与冲突共存：美国在耶路撒冷安置使馆的前一天，这座城市却在放礼花庆祝歌手 Netta Barzilai 赢得欧洲电视网歌唱大赛。

许多规划了活动的机构都预见自家门口会有示威活动。特邀嘉宾编舞家 Ohad Naharin 就曾多次遭遇抵制活动，特别是"抵制、撤资、制裁"运动（简称 BDS 运动，由英国社会运动组织的一项全球性运动，目的在于呼吁以色列政府停止占领巴勒斯坦国的领土）。这非常矛盾，因为 Naharin 像许多其他以色列艺术家一样谴责其政府政策。但极端左翼运动 BDS 却对此视而不见。

"如果我们中断与艺术家和知识界的交流、接触和对话，那我们就关上了进步的大门，"以色列 Chaillot 剧院主任如此肯定道。

《费加罗报》2018 年 5 月 21 日刊

生活并非像寄宿义工女孩们^①梦想的那样美好

　　苏菲·蕾奥尼（Sophie Lionnet）被谋杀一案揭露了在核实雇主家的情况之前即去做保姆的女孩们艰难的生活境遇。

　　底层少女们梦想的生活可能将成为一场噩梦，充斥着不理解、孤独、剥削，甚至是虐待和性骚扰……在去年九月份，最糟糕的事情发生了。伦敦南部，在一对雇主夫妻的花园里发现了苏菲（一个 21 岁的法国女孩）被灼烧的身体。据法国保姆协会（Ufaap）估算，大约每年有 5000 名法国年轻女孩外出做保姆，这个数据处在一个稳定的水平。

家务和繁重的劳动

　　蕾雅（Léa），27 岁，在完成了社会卫生学学业后，来到了有两个孩子的奥地利家庭，她回忆道，"我的印象里，自己就像一个奴隶一样。这家人格外严苛，过分注意细节，这不是恐惧，而是让我患上严重的精神抑郁。" 21 岁的艾玛（Emma），在中学毕业会考后来伦敦已六个月，说道，"我不是被看作家庭成员，而更像一个佣人。"在脸书（Facebook）上，艾玛描述了她在干活的家庭里的生活，女主人会委托她做很多家务事，但承诺的报酬却不能按期给她。"他们是孩子王，他们有许多权利，甚至打我，往我身上吐唾沫，但他们的母亲从来不会要

---

　　① "寄宿义工女孩"法文是"jeunes filles au pair"，原意指享有膳宿而没有（或微得）报酬的干活的姑娘。

求他们向我道歉。他们的作息时间全部被小提琴课、游泳课、唱歌课、网球课占满，还有私立学校强行要求的每日两小时作业时间。真是让人绝望!"艾玛回想道。

身　份

在"保姆"（在雇主家做事，只享有微薄报酬）市场里的专门机构呼吁女孩们需要更加谨慎。法国保姆协会（Ufaap）提出，十几个经批准的法国机构需要有专家评定来管理年轻雇员和雇主家庭的信息，还建议进行现场追踪，一旦出现问题立即通过紧急电话联系，或者当这些女孩和雇主发生争吵时及时进行调解。但是这样的担保是有代价的。对于刚结束青春期的面试者来说，几百欧元的担保费似乎是有些昂贵的。

《世界报》2018 年 5 月 21 日刊

Netflix 退出戛纳电影节竞赛单元，
但未退出戛纳电影市场

今年，电影艺术中最负盛名的戛纳电影节就参选竞赛单元的规定又起纷争：所有参选竞赛单元的长片均必须在法国电影院进行商业上映。让-吕克·戈达尔导演的《影像之书》获得"特别金棕榈"奖，此影片将在法国 Arte 频道播出，但同期只在一家瑞士影院上映。然而，去年 Netflix 制作的两部影片《玉子》和《迈耶罗维茨的故事》在戛纳引起论战之后，戛纳电影节组委会则发布公告并决定从 2018 年起，所有希望入围该电影节竞赛单元的影片都需承诺在法国院线发行。

随后，美国视频点播平台 Netflix，作为电影界中越来越显露的新经济力量，购买了两部戛纳获奖影片的发行权：《幸福的拉扎罗》（最佳编剧奖）和《女孩》（金摄影机最佳处女作奖）。这个举动很矛盾，因为 Netflix 制作的影片在今年被戛纳排除在竞赛单元，因为根据媒体播放排序时间表的法律条款要求，影片需在院线发行 36 个月之后才能在线点播，但 Netflix 不愿意等这 36 个月。

诚然，Netflix 购买了这两部长片的北美和拉丁美洲发行权，因此两部电影也可以依照规定在法国院线上映，但这就意味着两个地区的民众对于电影的定义必然不同。2018 年戛纳电影节受到了美国媒体的攻击，《好莱坞报道》声称电影节"正在衰落"，明星、派对和户外广告变少……即使戛纳执行总监 Jérôme Paillard 在采访时驳斥了这些批评，但在竞赛单元中排除 Netflix 一类平台的问题可能会再次发生。

正如 Jérôme Paillard 所说，Netflix 的确在电影市场中占有一席之地，还以 3000 万美元的价格购买了中国动画片《暴走吧！失忆超人》的海外发行权。即使诺兰和斯皮尔伯格这些大导演支持传统院线，但作用甚微。Netflix 主张同步发行影片，拥有大量资金，吸引了很多的制作者和观众。据路透社采访，今年迄今为止发布的 33 部电影观看次数已超过3 亿次，通过 8000 万个账户，也就是平均每部电影观众 900 万。Netflix的三分之一放映专门用于电影，该平台现在也为被大电影公司放弃的作家电影提供资金。

《回声报》2018 年 5 月 22 日刊

马克龙致力寻求社会改革方案

在这场关于铁路的战役中，毫无疑问，法国总统马克龙获得了胜利，法国国家铁路公司（SNCF）的改革将会在本周末结束。6 月 11 日，众议员和参议员齐聚委员会，以 14 票中 12 票赞成，在法律议案上达成了一致，而这一提案最终将会于周三的国民议会以及周四的参议院会议中被通过。

一年之后，法国当局实行的两项高风险改革将至尾声。2017 年的秋天，对于劳动法的改革并没有遭遇很大阻力，国民议会中的反对声很小，路上也没有游行，这和 2016 年米丽娅母·埃尔·胡姆里（Myriam El Khomri）推行《劳动法》改革所遭遇到的情况是不一样的。即使有 4 月 1 日以来长达 30 天的铁路罢工，工会的斗争并没有实现其他的社会需求，也并没有成功与其他社会抗议运动相联合。可以说，法国人对于改革是有所准备的，并非我们想象的那样。

67%的亲左派公开表示自己并不信任他们的总统，相反，55%支持弗朗索瓦·菲永（François Fillon）的选民在第一轮的总统选举中就表示自己十分相信他。爱丽舍宫的发言人罗日-博迪（Bruno Roger-Petit）则认为在第一轮选举中，马克龙的民意支持基础牢固，不赞成者仅占15%。

在蒙彼利埃的大会演说中，很多人对马克龙的政策制定施加压力，在三名经济学家的质问下，马克龙不得不重新修订他的社会政策。爱丽舍宫解释道："他想要使社会协调一致，但随着产业化的改革，他的计划有一些迷失，有些已经没有踪影。政策并没有转弯，只是经历了深化。"

即使现在政府采取了诸如减少收费、免除住房税、增加对于独居父母的津贴等措施，目前仍不能强迫人们接受"自由-保护"的这一信念。

关于马克龙政府的改革，第一年主要集中在经济领域，然而现在的选民越来越期待社会方面的改革。

《世界报》2018 年 6 月 13 日刊

电子香烟风靡法国

　　法国卫生部 5 月 28 日宣布，2016 年至 2017 年法国减少了 100 万烟民，这得益于前任卫生部部长玛丽索·图莱纳（Marisol Touraine）的控烟措施："平装烟"法令、开展"无烟月"活动、采用尼古丁替代品等。

　　但是，法国电通咨询公司（Odoxa-Dentsu Consulting）在 5 月 30 日和 31 日针对 1030 位烟民进行的网络调查显示，"电子烟比政府的一切控烟措施都更为有效"，是辅助重度烟民戒烟的重要手段，其作用甚至超过了大幅提高烟草税。15% 的受访者承认经常或者偶尔吸食电子烟；多数（69%）受访者表示同时吸食电子烟和香烟；30% 的受访者只吸食电子烟，并认为这是减少吸烟危害的唯一途径。

　　另外，这项调查表明，法国人整体上认同香烟是有害的。绝大多数人认为香烟价格昂贵（92%）而且"有毒"（79%）。超过半数的人表示吸烟并非有助社交，而是应当被社会谴责的行为。不过，仍有 61% 的人视吸烟为减压途径。

《费加罗报》2018 年 6 月 1 日刊

法国政府计划发放教育优先区教师津贴

　　法国教育部计划在 2018 年 9 月向教育优先区中最困难地区（REP+）的 240 所初中与小学的教师发放每人每年 3000 欧元津贴。这是马克龙总统在竞选中给出的承诺，目的是解决教育困难地区面对的招聘难题，为这些学校提供多元且稳定的师资力量。这并非法国教育部第一次为优先区教师提供补助，2015 年起，优先区的部分教师每年可获得 2312 欧元津贴。

　　教育优先区中的最困难地区（REP+）现有 30000 名小学雇员（包括教师与管理人员）以及 19000 名初中雇员（包括教师、教育顾问、资料员和管理人员）。新发放的津贴是否将覆盖教师以外的工作人员、是否将按月发放还不得而知。具体实施细节有待讨论。

《回声报》2018 年 6 月 4 日刊

市政厅和企业发现未成年人
对信息增长的需要

　　"我每周应该规定孩子使用多长时间的电子产品？""怎样与未成年人建立友好关系？""电子产品是否会增加性骚扰的风险？"6月一个星期五的晚上，在法国卢瓦西大区瓦勒德瓦兹省（Val-d'Oise）某城市举行的启蒙活动上，100多位家长接连提出问题。是一则骇人听闻的报道促使市政厅组织了这次集会：开学后，关于一位初中女生的色情视频在高一班上流传。一群9~11岁的小孩子可以在手机上看到这些色情视频。此后他们转载、分享这些视频的行为被监控记录下来。卢瓦西大区区长安德烈·图卢兹先生说："我们很震惊，但从另一方面来说，这些孩子并没有制造麻烦。幸运的是，通过教学监督我们得知了这些不良行为。这给家长们敲了个警钟。"家长和数字教育监督委员会会长托马斯·侯麦先生解答了家长的疑问，并解释道："严令禁止不能解决问题，家长应该关心孩子在社交网络上做了什么，并且家长的劝诫是有用的。"成年人认为孩子的数字世界离他们很远，孩子醉心于网络世界而减少与家长的对话交流。家长也觉得没必要为了有共同话题而去了解一些软件的功能到底是什么或者就一些规则达成一致。

"教育的主要挑战"

　　怎样成为一位2.0的家长？这个教育难题包含的主题很广：未成年人在社交网络上的社团化，个人信息的分享，网络性骚扰，在线引诱代码，电子游戏，健康，等等。托马斯·侯麦先生补充道："许多家长对最近一些关于孩子过度使用电子产品的信息感到担忧。我们向他们解释电子产品并不是自闭症的诱因,不应该将这些工具魔鬼化。"

面对越来越多家长的请求,会议和培训的数量增加了,书店也上架了越来越多的家长指南。法国家委会媒体及数字使用的负责人奥利维尔·杰拉德认为:"电子产品已成为教育的主要挑战。"根据法国家委会对22735名享有家庭补助并且孩子年龄处于6~12岁的家长的调查,家长们监督管理孩子对电子产品的使用是帮助学生学业的首要途径。奥利维尔·杰拉德补充道:"直到现在,国家政策主要谈论由学校管理学生使用电子产品,而并未涉及家长方面的管理。但如今,大家意识到了学校与家长共同管理的必要性。"2018—2022年国家政策里会加入这一重要问题。

法国社会补助机构的负责人莉迪西亚女士同样强调:"电子产品改变了家庭关系。我们组织越来越多的活动帮助家长在小孩进入青少年时期前预防不良行为,因为孩子的习惯将在青少年时期养成。"公司也会组织讲座,让有小孩的职员参加。在午间休息时,一位叫安娜的妈妈处于神经崩溃的边缘,前来了解为什么她13岁的儿子沉迷于电子游戏。她说:"我儿子花很多时间在线玩游戏,他周末与我们出门都必须带上游戏机。他的哥哥也花很多时间浏览社交软件和电子游戏。有时候我甚至忍不住对他们大吼。"

《费加罗报》2018年6月20日刊

20 世纪建筑遗产受威胁：私人投资使上塞纳省多处卓越建筑处于危险境地

这一行为非常暴力：高 96 米的塔楼，包裹着灰色钢筋混凝土网格，俯瞰克利希镇的市民之家。若该项目诞生，那战争时期最重要的建筑之一市民之家可能被 27 层的突起建筑遮蔽而不复存在，只剩阴影。

此举动来自"创造大巴黎都市"项目招标，旨在联结市政厅和潜在投资者。这一入侵行为可能创造一个前所未有的局面：尽管有法律保障，但一个具有重要遗产价值的当代建筑从未受到如此蔑视。遗产名誉总馆长、遗址与古迹总监 Bernard Toulier 质疑道："难道大巴黎房地产投机活动引发的欲望已经能逾越法律？"而建筑商却坚定地捍卫此塔楼，认为"它拯救了市民之家"，并补充说，"这不是第一次在两个建筑之间存在同时可见性（一目即了然两个部分）。"

该项目计划在塔楼内安置豪华酒店、美食餐厅和上百间豪华公寓。同时，市民之家将得到修复，以迎合美食与文化共存的概念。虽然此消息从 2017 年秋季公开发布，但一直悄无声息，直到 France Docomomo 协会（旨在记录、开发和保护现代建筑、城市规划和景观）发出警示信息。

专业人士认为，市民之家的重要性和独特性在此项目中并没有得到真正尊重，不然如何理解法国最高级别的遗产保护会授权这样不合适宜的入侵行为？市民之家不仅体现了人民阵线的建设者的梦想，也是 20 世纪金属框架结构演变的阶段样本之一。凭借其分区系统、移动式地板和可伸缩的屋顶，市民之家表现了 20 世纪 50 年代之后建筑的多功能性、灵活性和移动性，成为蓬皮杜艺术中心的灵感源泉。

自 1983 年 12 月 30 日以来，市民之家被归为与凯旋门和萨沃耶别墅同等级别的历史古迹，如何能想象一个同样的塔楼嫁接在萨沃耶别墅这个伟大作品的屋顶上？即使所谓的"外围"规则——应该在 500 米内禁止可能妨碍历史古迹可见性的建筑物出现——似乎在克利希镇被丢弃了，法律规定却毫不含糊，France Docomomo 协会十分激动："未经部长事先批准，任何新建筑都不能凌驾于受保护的建筑之上。"

《费加罗报》2018 年 6 月 24 日刊

圣奥梅尔意大利风格剧院重新开放

这个位于圣奥梅尔（Saint-Omer）中心的立方形白色建筑被当地人称为"咖啡磨坊"，在关闭 45 年后，经过 3 年的修复，它将于 9 月 22 日恢复前身，重新作为剧院开放。该剧院位于加莱海峡省（Pas-de-Calais），始建于 1840 年，于 1973 年关闭至今。为动员市民参加文化活动，剧院进行了意大利风格的重建。

负责圣奥梅尔翻修工程的建筑师 Perrine Millet 说："很多年来，这些小型建筑不再流行，人们认为它们太拥挤、太老式、太危险了。"而 45 年之后，恰恰是它的遗产价值推动圣奥梅尔恢复它老式的金碧辉煌，并铺满拿破仑时代的象征——3 枚蜜蜂拥簇的月桂花环。

目前，工程仍在如火如荼地进行着，工地上充满了大量的灰尘和噪音。工程于 2015 年开始，还有 2 个月才能圆满结束。事实上在长达几十年里，"咖啡磨坊"曾为市政府服务，但最终被居民遗忘了。在一系列维修工作中，80 个老式座椅被保留下来，其余则重建为相同样式，但更舒适。施工队修葺和改善了屋顶上的大吊灯、楼下包厢和走廊过道，并将盲点处的座位最大可能地删减——这正是意大利风格剧院的短处。20 多个文化遗产公司贡献了其专有技术，19 世纪的罕见机械装置被保留，将成为游客的参观对象——特别是在文化遗产日期间。

圣奥梅尔市长 François Decoster 信心十足："剧院将吸引很多人。"他已邀请了文化部部长参加 9 月 22 日至 30 日的"开幕周"。另外，圣奥梅尔必须找到自己的资金支持——整座建筑需要花费 700 万欧元。从国家层到此省的 55 个市镇都提供了资助，同时还有通过遗产基金会公开捐助的大大小小的资助者。尽管位于工业区并"远离巴黎"，圣奥梅尔仍决定保护其文化遗产。市长认为此举动是"凝聚社会的因素之一"。

《费加罗报》2018 年 6 月 25 日刊

法国执政党"共和国前进"党表态：
报销医学辅助生育费用

本月 23 日，法国现任执政党"共和国前进"党确定了一项改革目标：放开医学辅助生育技术（PMA，Procréation médicalement assistée）政策范围至女同性恋伴侣及单身女性。马克龙的这场"战斗"将在明年年初生物伦理法修正案上进行投票表决。但总统的此项承诺仍牵扯一些"灰色地带"。据悉，该党总代表卡斯塔内（Christophe Castaner）已率先表明了自己在诸多问题上的立场。

对此，该党负责生物伦理法相关问题的议员托马斯·梅尼耶（Thomas Mesnier）补充道，"一旦孩子出生，"共和国前进"党会为两位母亲亲子关系获得认可进行辩护，正如为异性恋夫妇所做的一样"。同时，该党也将通过社会保障制度对医学辅助生育费用进行报销。此前，关于报销与否已被多次讨论，反对者认为不能因为一些医疗原因进行报销。

关于"配子捐赠"问题，"共和国前进"党希望在设立"匿名捐赠"的同时能够保留"无偿捐赠"的原则，并且支持自主保存卵母细胞行为。但该党在"代孕"（GPA，Gestation pour autrui）问题上态度坚决，表示绝不允许此类行为发生。然而，此前马克龙的计划中曾规定"法国承认经代孕在国外出生的孩子"。

梅尼耶表示，虽然这些行政决议并无大惊喜，但其展现的立场确定了此次运动的"方向"。他强调"这为与党内人员、国会议员进行讨论提供了基础"。然而上周德塞夫勒省（Deux-Sèvres）议员纪尧姆·奇切（Guillaume Chiche）的离开预示着当局为了实现此次运动的承诺而提出法案的行为引起了恐慌，这也迫使当局出面澄清意图。

此前，法国政府发言人格里沃（Benjamin Griveaux）也曾透露今年年底前将提出一项法案，并于明年第一季度伊始进行审查。

《世界报》2018 年 7 月 26 日刊

法国推动科研成果传播，
大力支持"开放科学"

　　7月4日，法国科研及创新部部长 Frédérique Vidal，在欧洲研究图书馆协会（LIBER）的年会上表示，法国政府将大力支持"开放科学"，目标是实现本国科研成果"不限对象、不设期限、不收费用"的传播与应用。现有数据库大多收费昂贵，且连年涨价，极大地限制了知识的推广。

　　法国计划在2019年投入540万欧元，随后每年增加340万欧，帮助获得政府资助的科学家们将研究成果发表在开放存取期刊，或是类似 HAL 这样的学术文献开放网站。不超过30%的开放存取期刊将获准收取版面费，其他期刊将由学术组织和高等院校提供资金支持。已经发表在付费数据库的学术文章，在6～12个月后可通过开放网站免费阅读。这项计划将由"开放科学"委员会领导实施，成员包括200位专家学者，具体措施无需通过立法程序。目前，全世界只有荷兰、美国哈佛大学以及法国和比利时的个别科研机构实现了科研成果的免费共享，一旦"开放科学"真正实现，国际出版集团对科研成果传播的垄断将势必被打破，而付费数据库已经形成一个高达300多亿欧元的全球性产业。2017年，国际多媒体出版集团爱思唯尔（Elsevier）的市场占有率达36%，盈利超过10亿欧。

　　该计划将促使法国从国家层面建立一个收藏与管理科研成果的有效系统，重新评估学术期刊的内容质量，直接提升部分刊物和文章的影响力。当然，此次计划仅涉及获得政府资助的科研成果，未获资助的不在改革之列。

《世界报》2018 年 7 月 5 日刊

法国将如何应对景区超载？

联合国世界旅游组织数据显示，2017 年，国际旅客人数超过 13 亿，创历史新高，到 2030 年，旅客人数预计达到 20 亿，来自中国和印度的旅客人数最多。全球旅游业的迅猛发展使许多热门目的地陷入危机，景区超载现象在威尼斯、巴塞罗那和圣托里尼已经成为重要的社会和政治议题，这一现象往往伴随着人文与自然景观的破坏、人口密集、道路拥堵、房价攀升、水电资源紧张等，同时，游客满意度也会随之降低。如今，在巴黎同样出现了景区超载的征兆，80% 的游客必到景点位于塞纳河畔，外省一些独具特色的小镇村庄也逐渐变得人满为患。2017 年，在法国旅游的外国游客达到 8900 万人次，法国政府希望 2020 年接待的游客人数超过 1 个亿。

长久以来，政府部门一味以增加游客人数来实现收入增长的做法，是造成上述问题的主要原因，即便意识到问题，也难以下决心引导旅游业走上良性发展的道路。2017 年，全球旅游业收入已经占到全球国内生产总值的 10%（在法国占 7.2%），每 10 份工作中就有 1 份来自旅游业。考虑到旅游产值对总体经济的巨大贡献，政府陷入两难，甚至选择性"失明"。对此，法国旅游发展署署长 Christian Mantei 认为，是时候对游客人数和景区负载能力进行理性计算，改盲目吸引游客为提升满意度和刺激购买力，重视旅游体验、本地居民生活质量和环境保护三者间的平衡。巴黎的部分标志性景点已经作出表率，比如，埃菲尔铁塔以网络预售门票的方式对游客人数进行控制。

截至今年 5 月底，半数门票是通过网络预购的，旺季 7 月的门票已基本售罄。

《费加罗报》2018 年 7 月 7 日刊

法国广播电台 2017—2018 播放季结束

法国广播电台顺利结束了 2017—2018 播放季。多亏一系列的选举活动，此播放季收听结果令人满意，但当内容回归到稍逊活力的内容时，情况则有些不同：数据显示所有普通电台在 4 月至 6 月期间的听众数与 2017 年同期相比有所下降。最活跃的法国新闻广播电台 France Info 一年内收视份额下跌了 0.9 个百分点，最终累计听众占比 8%。法国国际新闻广播电台 France Inter 同样如此，截至 6 月底，收视占比为 10.7%，而去年同期为 11.1%。

法语综合广播电台 RTL 情况稍显乐观，收视占比只下降了 0.3 个百分点，最终保持在 11.8%。此外，专注世界杯的蒙特卡罗广播电台 RMC 听众占比上升 0.1 个百分点，达到 7.8%。同时，欧洲第一电台 Europe 1 因处于过渡时期和人员调动，收视占比降到 6.5%，比上一播放季还要糟糕。

空洞的内容并未让法国文化广播电台 France Culture 放弃角逐，它的累计听众增加了 0.2 个百分点，达到 2.4%。相比之下，音乐类电台情况惨淡。法国 NRJ 音乐电台在 2017—2018 播放季结束时的累积观众为 10.2%（下降 0.3%）。同类型的其他电台也是如此。

总的来说，从 2017 年 9 月到 2018 年 6 月，RTL 广播电台收获了十年内的最佳听众份额（13%，一年前为 12.5%）。虽然累计听众人数下降了 0.2 个点，但听取时间有所增加。France Inter 同样完成了一个极佳的播放季：累积听众为 11.1%，每天人数超过 600 万。

为了回归季的节目单，不少电台在过渡期作出了策略性的人员调整。同时，也需注意到电台广播听众在不断减少。截至 6 月底，约

78.9%的13岁及以上的法国人每天收听广播，约4270万人。与2015年同期相比，听众数量缓慢下降。与所有其他媒体一样，电台的发展也受制于年轻听众和大众习惯。

同时广播在播客、手机应用程序、蓝牙音箱甚至电视上都逐渐式微。所有电台都在适应这一情况。法国广播电台集团在播客和视频上投入了大量资金，在社交平台上发布了众多专栏，目的就是借助新渠道让年轻人发现和了解这些内容。

《费加罗报》2018年7月20日刊

巴黎呼吁国家拆除"毒品山"

一月前被驱逐的将近 150 名吸毒者如今卷土重来

在巴黎 18 区的教堂门地铁站（Porte de la Chapelle）附近，法国超市 Franprix 的保安抱怨周边吸毒游民众多，这些危险人群高声追赶行人，朝马路摔酒瓶，"威胁顾客，偷窃食物，在店铺内喝酒……"，需要增加更多安保人员来驱赶吸毒者。

附近居民愤慨道："一整天都是如此"，警察也毫无作为。前不久被驱逐的吸毒者又聚集在环形路和高速公路分岔口之间。"形势紧迫"，巴黎市政府"请求国家尽快加以干预"。瘾君子们占地为营，注视着过往的行人和司机。在一周之内，这片区域发生了多次袭击事件。上周末，一位母亲被一个车内的吸毒者当着三个孩子的面砸伤了面部。

吸毒者的聚集严重影响了周边居民的生活。取钱或是在露天座喝咖啡时都会遭到吸毒者们的骚扰。同时，附近服务行业的工作人员也深受其害，牙科中心的人员表示担忧："这些吸毒者尾随病人溜进医院，随后就躲进厕所，待上大半个小时。这样有传播疾病的风险，一旦这些瘾君子吸毒过量，该如何处理？"

地区管理人员表示需要贯彻民事安全组织的应对方案，"警察、司法和医疗三方面都缺一不可"。周三，法兰西岛大区区长 Valérie Pécresse 已向总理菲利普上书，同时巴黎市市长 Anne Hidalgo 与相关部门举行了一次会议，"目的在于能在安全、卫生和社会支持等国家能力方面做出实时应对"。

由于"8月份可能会有大量难民到来",移民援助协会也提醒注意"爆炸性局面"的出现。难民之间的同居情况非常糟糕。吸毒者非常好斗,面对治安部门也是如此。避难人员特别是许多孤立的未成年人有可能受到瘾君子和毒贩的摆布。"我们每天都在担心必然会发生的悲剧,"该协会在一份公报中声明,鉴于8月的特殊情况,"呼吁公共当局承担相应的责任。"

《费加罗报》2018年7月28—29日刊

巴黎市市长伊达戈冒险式回归

本周一，巴黎市市长安娜·伊达戈（Anne Hidalgo）结束假期，重回市政厅继续推行她的改革——主要围绕三个主题：环保，交通以及安保。

第一项改革可以说是她政治生涯的标志。她对于汽车的"讨伐"在巴黎广为人知，被指责独断专行。对于共享汽车（Autolib）所遭遇的危机，她将会介绍解决方法。今年 7 月 31 日，博洛雷（Bolloré）集团将巴黎的共享汽车全部撤出。其实，巴黎市政厅和雷诺制造商早已达成协定，于 9 月份终止汽车共享计划；至于共享自行车（Vélib）的问题，伊达戈相信今年夏天着手施行的 Smovengo 计划能够在年底之前完成。虽然今年的每日使用量高达 1.7 万辆，高于去年冬天的 5000 辆，但远远低于德高集团（JCDecaux）运营系统时所达到的日 10 万辆。

在交通方面的改革是地铁免费制度，这是一项去年 3 月份所构想的计划。副市长格雷郭尔（Emmanuel Grégoire）、纳多为斯（Christophe Najdovski）以及密斯卡（Jean-Louis Missika）将分别从预算、交通以及经济发展三方面着手，在今年 10 月 12 日的研讨会上提出议案。事实上，市长并不能自行决定实行公共交通免费，法兰西岛大区（Île-de-France）也有发言权。但是安娜·伊达戈希望在下一次大选之前，通过这些手段取得先机。

出于相同目的，她出台了安全方面的措施，提出要加强安保，这令群众十分震惊。当初竞选之时，她还表示反对如此多的安保，但如今市政府却出台了一份巴黎的审计方案，并将在年末公布。基于此份文件，伊达戈将在 2019 年初提出议案，力图创建一支全副武装的市政警察队伍，她在《世界报》上表示：她什么顾虑都没有。

　　据副市长克里斯朵夫·吉拉德（Christophe Girard）观察，伊达戈在为 2020 年的竞选作准备。吉拉德将会在 9 月 11 日建立一个政治俱乐部，意图与参议员加斯帕德·冈兹尔（Gaspard Gantzer）建立联系，冈兹尔做梦都想把伊达戈驱逐出巴黎市政厅。除他之外，各方都虎视眈眈：以本杰明·格里沃（Benjamin Griveaux）为首的一些"共和国前进"党成员，右派议员布尔纳泽勒（Pierre-Yves Bournazel）等。可以说，所有人都盼着伊达戈下台。

《费加罗报》2018 年 8 月 18 日刊

法国财政预算即将公布
当局面临多重严峻选择

　　法国政府将于今年九月底公布 2019 年国家财政预算，马克龙是借机展示自己的改革决心，还是将放弃改革，届时将会揭晓。过去的几个月内，阻碍不断累积，法国当局必须快刀斩乱麻，减少公共财政赤字，才能实现对欧盟的承诺。据悉，马克龙将在本周三下午举行预算仲裁会议，一同参加会议的有总理菲利普，经济部部长勒梅尔（Bruno Le Maire），公共财物与行动部部长达尔马南（Gérald Darmanin），卫生部部长布赞（Agnès Buzyn）和劳工部部长佩尼科（Muriel Pénicaud）。

　　上半年法国的经济增速一度成为欧元区最低，迫使法国政府重新审查财政预测。从那时起，当局就作出了决定，不准备追加预算储蓄，自行承担明年公共财政赤字上涨的后果。据国民议会政府预算总报告人吉罗（Joël Giraud）计算，财政赤字一路疯涨至 2.6%，早已超过一个月前计划的 2.3% 的目标。虽然政府可以通过追加预算储蓄的方式弥补经济增速缓慢带来的影响，但此前政府在社会保障方面作出的一些承诺使得其"自缚双手"，无法实现。

　　达尔马南部长于 7 月中旬表示，在住房方面，减少 5 欧元并不能带来住房补贴（APL）储蓄，相反地，用于支付这些救助的款项将节省下来 10 亿欧元。并且调整后将按照受益人当前收入发放补贴。他强调明年住房补贴不会再减少，只是"能够享受补贴的人会更少"。保障性就业（emplois aidés）也将全面缩减其规模。此外，财政部明确表示今年取消的国家公职数量将高于此前公布的 380。法国政府预计在 2022 年前削减 12 万个公务员职位，其中含 5 万个国家公务员职位。

"共和国前进"党财政委员会负责人蒙恰兰（Amélie de Montchalin）总结道，法国国民缴税贡献的每一欧元都对应一个负责的政治选择，并声明这不是"数字崇拜"。

《费加罗报》2018 年 8 月 22 日刊

世界最多星的米其林厨师
Joël Robuchon 去世

法国名厨 Joël Robuchon 在接受胰腺癌治疗一年后，于 2018 年 8 月 6 日在瑞士日内瓦去世，享年 73 岁。

这位一共摘下 32 颗米其林星星的传奇厨师，于 1945 年 4 月 7 日出生在法国普瓦捷，父亲是一名砖匠。年少时他曾一度想成为神职人员，后来进入餐厅担任学徒，从此走上烹饪道路。1947 年，Joël Robuchon 执掌位于巴黎十七区的协和拉斐特酒店（Concorde Lafayette）厨房并大显身手，四年后，作为巴黎日航酒店（Hotel Nikko）行政主厨，为该酒店赢得米其林二星。

1981 年，Joël Robuchon 创立了自己的餐厅，取名 Jamin，第一年便荣获米其林一星，第二年二星，第三年三星。作为新法餐运动的代表人物，Joël Robuchon 将少量多样、突出食材原始风味的烹饪理念发扬光大，更在 1987 年被《Le Chef》杂志评为"年度最佳厨师"。

Joël Robuchon 算是法国名厨中最具国际影响力的一位，同时也是善于品牌推广的成功商人。有别于过去星级厨师高高在上的神秘形象，Joël Robuchon 在 2003 年创造了氛围轻松的"食物作坊"（L'Atelier）式餐厅，方便更多顾客感受米其林级别的烹饪艺术。从东京到巴黎，从拉斯维加斯到纽约，从伦敦到香港，Joël Robuchon 的"食物作坊"遍地开花。

Joël Robuchon 的招牌菜是被形容为"可以拿着吸管直接喝"的土

豆泥，秘诀是添加大量黄油，细腻而浓郁。厨师本人曾在法国电视三台的一档美食节目中分享过土豆泥的做法。

《回声报》2018 年 8 月 7 日刊

法国足球产业前景一片大好

法国队夺得俄罗斯世界杯冠军后在短时间内为法国经济带来了积极影响，促进足球产业走向成熟。

外国资本的介入

法国队在经历南非世界杯小组赛淘汰出局的低谷后，时隔八年，以扎实的球员培养体系和优异的大赛成绩吸引了各国投资者的目光。法国M6传媒集团正就法甲波尔多俱乐部的转让与美国投资方进行排他性谈判。事实上，法甲2017—2018赛季中，表现最好的前十支球队均由国外资本控制，其中，中国的IDG资本拥有奥林匹克里昂俱乐部20%的股份，包括7天酒店创始人郑南雁在内的中美投资者共同持有尼斯俱乐部80%的股份。

优质的场馆资源

法国借承办2016欧洲杯兴建了许多高规格的大型足球场，为法国足球产业发展提供了基础设施保障。法甲2017—2818赛季的现场观众人数为855万，比2010—2011赛季多出100万。不过这些新建场馆多属PPP模式运作，现阶段只有奥林匹克里昂俱乐部拥有自己的球场。

电视转播权增收

法甲联赛 2020—2024 年的电视转播权卖出了每年 11.53 亿欧元的高价，比旧合约提高了近 60%。虽然和英超相比仍有巨大差距，但与意甲、西甲和德甲基本处于同一水平线。电视转播收入的增加将使法国相关单位对法甲联赛的商业包装达到前所未有的高度。

赞助价值提高

俄罗斯世界杯后，法国足球为商家的品牌推广提供了绝佳平台。据世界最大体育和娱乐营销管理公司 IMG 统计，目前法甲的赞助收入约为 7000 万欧元，与意甲等其他欧洲联赛相去甚远，后者 2018—2019 赛季和 2020—2021 赛季的赞助收入预计达到 3.71 亿欧元。不过，法国超级杯 2018—2019 赛季移师中国，这是法甲在亚洲乃至国际市场扩大商业吸引力的重要一步。

《回声报》2018 年 8 月 10 日刊

继公园之后，禁止烟草的
海滨浴场越来越多

在法国癌症协会（ALIAM）的推动下，"无烟草空间"这一标签得以被推广：在法国，近 1000 个公共场所已禁烟。

很长一段时间里，海滩度假的乐趣和在公园里读书的下午总被邻居的香烟或长凳上散发的烟雾所破坏。在 ALIAM 的领导下，法国各地都在推广落实"无烟草空间"。被迫吸烟的情形可能会开始发生变化。

"在法国，从今以后 973 个公共场所将没有烟草，这其中有许多公园和花园，50 个海滩，还有 30 个学校和 2 个医院，"ALIAM 管理员 Albert Hirsch 高兴地说。他补充道："这项禁令须扩展到所有专注于休闲或接待儿童的城市空间。它有助于保护公民，尤其是婴幼儿免受被动吸烟的有害影响。"

尼斯（滨海阿尔卑斯省，Alpes-Martimes）是该领域的先驱，该市于 2012 年在市内某海滩禁烟，后来增加四个不允许吸烟的城市。2018 年，滨海卡涅（Cagnes-sur-Mer）市政当局接着这个例子说："在这个海滩上，我们不仅禁止吸烟，还禁止使用电子烟以及所有看起来或多或少像烟草的香烟，"Louis Nègre 解释道。大西洋沿岸的城市如圣马洛和鲁瓦扬也禁止在某些海滩吸烟。马赛（罗纳河口省，Bouche-du-Rhône）也正在研究在市内某海滩实行禁烟。目前，马赛只有儿童游乐区禁止吸烟。

公民主义的赌注

　　内陆城市中许多绿地已禁烟。在斯特拉斯堡，从今年夏天开始，所有公园和公共花园都禁止吸烟。在巴黎，这种现象分布范围不广，但自7月10日以来，有6个公园禁烟。市政厅说："这个实验应该会持续四个月。如果我们反馈良好，禁令将是永久性的。另一方面，我们不打算用罪罚来惩治违章的人，而是尽早提醒他们遵守法律，并与他们进行对话。"选择在公共场所禁烟的市政当局事实上更多地依赖文明而非压制。

　　这项政策通常能够得到不吸烟者的支持，不过仍有一些人对此是批判的，认为这项禁令是剥夺自由。

《费加罗报》2018 年 8 月 11 日刊

紧急情况：呼叫中心
未能处理大批急救电话

2016 年，法国紧急医疗救助中心（SAMU）的 101 个监管中心共收到了 2900 多万个电话，但据《观点》杂志本周发布的医院排名报告显示，超过 460 万通电话止步于接线员的答复"将有一位医生负责您的求助电话"，也就是说，六分之一的求助并未得到有效答复。但是，救助中心工会对此骇人数字提出质疑，SAMU 主席强调"在大量求助电话中，确实会有未能处理的情况，但其中不少是虚假和错拨电话"。

这些统计数据确实无法将心脏骤停病患与恶作剧电话区分开来，但仍然让求助中心的负责人难堪，因为它远未达到规定标准：99% 的求助电话必须在一分钟之内接通至医疗监管助理，结果仅奥尔良和凡尔登两个医疗中心达到要求。

这一情况再次引发了关于紧急救助组织，特别是 SAMU 和消防队之间工作分配的讨论。2017 年来，紧急求助电话 112 为这两个紧急服务中心共用。在法国，约有 15 个 112 消防平台与警察或 SAMU 医疗机构合作，在接到各种紧急情况电话后，会派出相应的救助团队。去年，消防局处理的 2000 万次通话中，有超过 700 万来自 112。这种模式在欧洲众多国家实施，却远未像法国一般协同一致。

内政部、消防局和全法急救科医生协会（AMUF）希望 112 成为唯一的紧急救助专线，但遭到 SAMU 工会的反对，他们认为这样会削弱医生的角色。法国消防员全国联合会（FNSPF）副会长 Patrick Hertgen 反驳道："当我们急需救助并来不及思考时，可以马上拨打 112。但医生只有在救助者需要医疗建议时，才会有用。"

112 紧急求助专线的支持者认为，舍弃其他电话，只留下 112，可以让所有 450 个紧急求助电话中心之间共同承担责任，并且采取最快的救助行动。然而，反对者认为："当你因心脏骤停拨打了消防电话 18，应清楚消防中心和 SAMU 之间并不连通。消防接线员得记录相关求助信息，然后致电 SAMU，转告所有信息，才能尽快派遣救助团队到达现场。"

Naomi Musenga 的死亡揭露了救助系统的这些运转障碍。紧急医生表示："如果我们有一个有效的救助系统，消防接线员将不会转拨医疗监管助理，而是直接接通 SAMU 的医生。"

《费加罗报》2018 年 8 月 24 日刊

法国将在小学推行全国统一测验

　　法国教育部部长布朗凯（Jean-Michel Blanquer）在 8 月 29 日的记者会上，重申了一年来公布的各项教育改革措施，包括：2021 年生效的高中毕业会考新规、高一新生入学测试、新的职业教育体系、校园手机禁令、取消课后作业等。其中最具标志性的措施——在教育优先区的小学一、二年级实行 12 人小班教学，这被专家认为是诸多改革项目中唯一合理且有进步意义的，其他只是隔靴搔痒，对解决深层问题只有阻碍，没有帮助。

　　布朗凯在记者会上表示，教育部的最新计划是，将针对小学低年级和高年级生增加更多国家统一考试，目的在于从教育初级阶段就对学生的学习能力进行细致评估，从而帮助教师找到合适的教学方法。这并非本届政府首创，早在 2008 至 2009 年，彼时的教育部部长达尔科（Xavier Darcos）就曾打算针对小学二年级和五年级生，在每年 1 月和 5 月进行学习测验。只是该措施一经公布便引发了小学教师的强烈反弹，相当一部分教师拒绝在授课班级推行测验，并批评设立在学期末的测验对因材施教毫无作用，反而对教学安排形成干扰。达尔科的后继者夏岱尔（Luc Chatel）曾试图继续推行该措施，但并未成功。

　　对于十年后的再次尝试，法国社会各界仍有许多担忧。教师工会 Unsa 的代表反映，本届政府的教育改革措施在实际执行时并未改善教师行业的状况，全国性测验的推广很可能导致考分偏低的学校生源变差，教育不公平现象愈演愈烈。南特大学教授、教育学学者杜特克（Yves Duterq）研究国外相关经验后指出，设置更多考试将促使教师围绕考试内容授课，引起分数至上的不良风气。另有科学研究表明，频繁的考试会增加教师、学生以及家长三方的心理压力。面对质疑，布朗凯在记者会上反驳说，这是毫无根据的，是在煽动公众的不安情绪，在接下来的新学年，他将致力于消除不安，为改革的顺利进行扫清障碍。

《自由报》2018 年 9 月 3 日刊

南特在接待移民方面存在分歧

Daviais 广场位于市中心，有 600 名外国人。省长敦促市长撤离移民营地

年轻的移民在 Chantiers 公园的树下等待着。其中，Driss 自称是一名 16 岁的科特迪瓦人。"我们来到这里，因为我所在的地方和 Daviais 广场没有电。"因此，他们在本来用于户外活动的电源插座上给手机充电。

Driss 6 个月前独自抵达南特。像 Driss 一样，100 多名科特迪瓦人、几内亚人、突尼斯人住在后来由市长开设的接待中心和紧急庇护所里，他们的出入由保安人员控制。

据大西洋卢瓦尔省（Loire Atlantique）的省长 Nicole Klein 所称，这 600 名移民主要是撒哈拉以南的原籍人士，他们在南特市中心的 Daviais 广场周围聚集了 3 个月。南特是除巴黎之外唯一一个提供这样的庇护所的城市。这就是为什么 Nicole Klein 现在认为"南特人虽然宽容，但不能再忍受了"。她打电话给市长 Johanna Rolland 要求他撤离新的营地。7 月 23 日，省长已经利用她的替代权来下令进行第一波驱逐了。

宽容的象征

反对派一直在和解，至今，反对派 LRUDI 描述了"南特耻辱"广场的情况。"我们的城市已成为宽容和松懈的象征，当务之急是在夏天

结束之前，将所有参与者都聚集起来——协会，国家，社区共同来庇护这些移民。"

国家再次对这些移民接待地点负责。在其多数派的主张环保的压力下，国家还必须应对南特一些人的团结势头。其中近 10000 人签署了一份"难民接待和庇护政策"的请愿书，此请愿书是由 Daviais 广场被冒犯的城市居民发起的。

在这里，大约有 30 个人每天准备并分发 500 份饭菜。这些志愿者解释说这样做填补了公共当局的不作为。"移民很饿。我们给他们每天只提供唯一一餐吃的，志愿者 Emmanuel 在分拣水果和蔬菜时说，"所以我们尽可能坚持这么做也尽力做好"。目前有 10 多个市镇已经作出了积极的回应。

《费加罗报》2018 年 9 月 17 日刊

在里尔吸食笑气（麻醉品）的高中生

麻醉品

在里尔大都市里，大量的灰色小胶囊散布在排水沟，"主要是学生为了'尝鲜'而消费它。但它与大麻烟卷无关，"Romain 说。他穿着全黑的衣服，正在吸烟，同时拿起这些用过的六厘米的胶囊。"对我来说，这不是毒品，"Romain 说。在他周围，每个人都知道它是如何运作的：首先用药筒刺穿装有一氧化二氮的气球，接着吸入气体直至疯狂大笑。"这是 20 世纪 90 年代狂欢派对中就有的一种笑气。不过它现在被 12~16 岁的青少年消费，于是他们第一次有了精神上刺激的感觉，并且在公共场所吸食，"法国里尔毒品和毒瘾观察组织（OFDT）的研究员 Sébastien Lose 解释道。

父母忽视了风险

位于里尔市中心的 Villeneuve-d'Ascq 拥有近 65000 名居民，相关机构目前准备发放传单来警示那些忽略了风险的父母。"令人兴奋的感觉持续不到一分钟，但是它会危害健康，"Perrine Detricourt 说道。他是专业的教育家，他在陪伴护理中心（Capsa）接待并会诊那些吸毒者。

在阿尔芒蒂耶尔（Armentières），高中生承认在吸毒后产生了这种"时髦"的恍惚状况，短期内与父母希望其远离电子游戏的愿望不谋而合。"大家应该对这种气体的消费保持警觉，交易常常在晚宴开始时，或课后朋友聚集的时候进行。当心，它不只是五分钟的极度兴奋，一氧化二氮气体的使用如果被延长或者被反复，它产生的效果是破坏性的"，它会产生多重麻醉功效。

《费加罗报》2018 年 9 月 17 日刊

巴黎墓地资源紧张

2017 年，巴黎市内的 14 处墓园收到了超过 5000 份入葬申请书，然而仅有 3% 得到回复并达成交易，大多数死者家属只能选择将亲人安葬在郊区的墓地。法兰西岛大区的审计部门近日表示，人口老龄化趋势将导致在未来几年内，巴黎居民的死亡率大幅提高，墓地资源供不应求。巴黎人将成为法国首批无法就地安葬的城市居民。

事实上，从 2007 年开始，巴黎市内的墓园就已经不再接受"预订"，也即是说，如果死者过世当日没有空地，家属就只能去市区以外的墓园想办法。从 2016 年起，除非得到市长的特别许可，否则生前并未定居巴黎的死者没有被安葬在巴黎的权利。在巴黎市内入土安息，早已成为少数人尤其是名人的特权。在过去 15 年间，巴黎市区的墓地价格也从每两平方米 7720 欧元上涨到 15837 欧元，翻了一倍。

针对这一问题，巴黎市政府近期组建了一个专项工作组，试图促进没有太多历史保存价值的墓地重新流转。但这势必会遭到宗教机构以及部分巴黎大家族的反对，而且，由于土地使用期限的限制，以及评估墓地历史价值程序上的复杂性，可以预期，工作组将困难重重。

《世界报》2018 年 10 月 10 日刊

"中心巴黎"，一个新的行政区

　　出于对经济的担忧和行政简化的原因来使市政府集中。我们不仅在农村见证了这种现象，在巴黎也是一样。

　　在巴黎，现在是时候将行政区合并了。首都的新行政区由城市心脏的第一至第四区的合并而产生，这四个区是巴黎各区中最小、人口最少的，总共有 100000 名居民，将被称为"中心巴黎"。

　　这是 10 月 8 日至 14 日生活在这些街区的公民投票的结果。

　　"中心巴黎"，这个名字的得票率为 56.7%。参与竞争的另外三个名字"巴黎之心""巴黎 1234"和"巴黎的第一个行政区"远远落后。"这个新区的创建将重新平衡这四个区的地理上和人口上的比重，"巴黎市市长安妮·伊达尔戈（PS）说。

合并的动力

　　为了管理这个新领土，将只保留四个行政厅中的一个。凭借 50.49% 的选票，选民已经决定保留巴黎三区行政厅。至于被解除的行政厅的未来，在线磋商会议（idee. paris. fr）会定义它们的职能。"它们可能是文化之地，或初创企业聚集的地方，"第四区区长 Ariel Weil 说。"巴黎的议会将从 2019 年初采纳这些变化，"安妮·伊达尔戈说。"这个合并应该是为住在巴黎心脏的居民服务的，……一个城市的工人阶级，中产阶层都能够在那里和他们的家人一起生活和发展。"

　　对于住在中心区的居民，他们的日常生活变化将是极小的。"目前的邮政编码如 75001 或 75002 将被保留，"伊达戈尔说。以后将只有一个行政区，即第三区。在 2020 年 3 月的市政计划的选举部分中，将只有一个分区的列表，而不是四个，在那之后，行政区合并将开始实施。

《大巴黎中央报》2018 年 10 月 17 日刊

法国人看电视时间缩短

数据显示，2018 年 9 月，法国电视用户平均看电视时间缩短至 3 小时 18 分，创历史新低，10 月又再减少 8 分钟，与 2018 年年初数据相比，平均看电视时间缩短了 3%。相较之下，2016 年和 2017 年的电视收看时间变化不大，减幅均未超过 1%。

2018 年，法国 15~24 岁观众的平均看电视时间显著下降，降幅为 11.8%，25~34 岁观众对电视节目的兴趣也有所降低，在过去的 9 月和 10 月，包括脱口秀、电视剧和竞猜类节目在内的多种节目收视率下滑。

导致这一现状的原因主要有三点。首先是温暖的天气使人们更加偏爱户外活动，其次是手机、平板等移动设备分散了电视用户的注意力，最后是以 Netflix 为代表的流媒体平台改变了人们的收看习惯，大家不再需要像过去一样等待固定的节目播出时间。

尽管如此，电视仍是第一媒介，电视广告的收费不降反增，但要在数字媒体的冲击下继续保持优势地位将困难重重。

《回声报》2018 年 11 月 8 日刊

法国青少年图书市场走低

　　捷孚凯研究所（GfK）在蒙特利尔青年文学沙龙开幕前夕，也是出版行业年度会议上，宣布法国青少年图书市场连续两年缩减。作为行业支柱，青少年图书占28%的市场份额，今年销售量达到8600万册。但从去年销售额下降6.5%后，仍未复苏，从2017年11月至2018年10月下跌了1.2%。国家出版协会（SNE）青年组主席蒂埃里·马格尼尔（Thierry Magnier）则指出，专业出版商通过向团体（图书馆、学校等）和外国出版商出售图书来平账，但这些数据捷孚凯并未加以考虑。

　　所有图书分类出版量都有所降低，除了绘本（+1%）、实践活动书（+16%）和青年漫画（+16%）等，日本漫画因为是大开本发行，因此不被捷孚凯计算在内。根据易普索（Ipsos）6月发布的研究，青少年每周花15小时30分钟用于网上音乐、视频和聊天，没有太多时间用于阅读。20%被采访的孩子们表示对阅读"不感兴趣"。另一边，法国出版商则想方设法吸引初中生，其中，系列小说《球进了!》讲述运动员安托万·格里兹曼（Antoine Griezmann）的早期足球生涯，成为今年最畅销的青少年书籍之一（不包括漫画系列）。阿歇特出版商（la Hachette）高瞻远瞩，重版了《十三个理由》，这部小说被改编成Netflix热剧《汉娜的遗言》，因此双方合作势头良好，阿歇特也负责例如《怪物奇语》等热剧的小说出版，除此之外还与青少年喜爱的WattPad电子书网站合作。其他出版商则着手开发油管（YouTube）创作和电子游戏的市场。

　　另外，从位于畅销榜的图书目录可以看出，新作品受欢迎很难。2018年最畅销作品依旧是《哈利波特——神秘的魔法石》，图尼埃的《星期五或原始生活》（1971年作品）紧随其后，即使这些作品已面世

20 年。排名前十的作品还包括《逆流河》（2009 年），《生命中的美好缺憾》（2012 年）和《小王子》（1943 年）。在女权浪潮#Me Too 不久后问世的《反叛女孩的夜间故事——100 位非凡女性》则排到第 17 位。业内人士认为父母已经意识到幼儿时期就应注意性别歧视问题，但蒂埃里担忧复杂或沉重的主题会吓到父母，"不应大做文章，但也不意味着要隐藏现实世界来保护儿童"。

《费加罗报》2018 年 11 月 28 日刊

复杂且伤痕累累的法阿友谊

　　法国导演 Laurent Delahousse 的纪录片《法国—阿尔及利亚：一段家庭往事》追溯了自阿尔及利亚独立战争至今两国的关系，将在法国电视二台（France 2）播出。在片中，法国总统马克龙表示："自 1962 年以来，共同的过往束缚了两国人民。殖民末期和战争带来的暴力使人们饱受创伤，所以其中可能存在一些不可调和之处。"总统清楚伤痛依旧，在去年总统选举期间，他曾在阿尔及尔表示殖民是反人类的罪行，这番言论引起了轩然大波。

　　为了避免一刀切式的判断，片中不仅有许多历史学家的阐释，还有各方亲历者出镜，特别是法国殖民者在当地雇佣的阿尔及利亚军人（the Harkis）和居住在阿尔及利亚的法国人，或他们的后代。纪录片有意结合多方角度，致力展示一段两国都布满伤痕的友谊关系，记录从法国殖民末期至今两国关系的复杂性。1930 年法国在阿尔及尔举行了盛大的殖民一百周年庆祝活动，但作为"法兰西帝国明珠"的穆斯林只享有二等公民地位。不满蓄积，在第二次世界大战胜利庆祝期间部分阿尔及利亚人表示渴望独立。1945 年 5 月 8 日，骚乱爆发，102 名欧洲人被杀，随后被血腥镇压。九年后，阿尔及利亚民族解放战线（FLN）发动袭击，引发了阿尔及利亚战争。

　　战争伊始，Danielle Michel-Chich 因 FLN 政党投放炸弹失去了一条腿。在《埃维昂协议》签订和阿尔及利亚独立后，她成为遣送回法的人员之一，"但我们从未去过法国，像大多数来自阿尔及利亚的法国人一样……法国只是教科书和护照上标明的祖国。"被雇佣的阿尔及利亚军人的命运也令人震惊。Hacène Arfi 的父亲作为被法国雇佣的阿尔及利亚军人，被 FLN 政党残忍杀害。随后他与母亲逃到法国，在加尔省（Gard）的 Saint-Maurice-l'Ardoise 军营度过了 14 年。他回忆道："军营禁止外出，那里有铁网和瞭望塔。700 个家庭，3000 人活在监狱制度下。"

同时，纪录片也提及了 1961 年 10 月 17 日巴黎地区阿尔及利亚人的和平示威，这次示威最终被警局血腥镇压。无论如何，两国仍需展望未来，正如影片结尾马克龙总统所说"今天，我们必须设法继续前进"。

《费加罗报》2018 年 11 月 29 日刊

法国公立大学学费上涨引发担忧

11月19日，法国总理爱德华·菲利普在推特上发布消息：2019年新入学的欧盟区以外的留学生，将面临公立大学学费十几倍的上涨。本科注册费从如今的每年170欧元涨至2770欧元，研究生和博士生注册费从如今每年243欧元和380欧元涨至3770欧元。总理表示，伴随学费上涨的是一系列增加奖学金和优化留学生教育的配套政策，旨在选拔优质生源、增加留学生人数（预计到2027年，从现在的32.4万人增加至50万人）以及推进"欢迎来法国"计划。

该消息一经公布便引发了法国学界的热烈讨论，学生组织与教师工会迅速且罕见地形成了统一战线，不仅在大学校园组织抗议会议，还在网络上发起多个请愿活动，要求政府推迟学费上涨。其中一个请愿活动已经动员了超过24万人签名。留学生作为被影响的主要群体，提出的反对意见包括：高额学费对校园文化与学生阶层的多元化有害无益，拉美和非洲学生人数将显著减少，应该综合考虑政府对留学生的教育投入和留学生对法国经济的贡献。

值得注意的是，巴黎八大、雷恩二大、蒙彼利埃三大、里昂二大等有左派传统、以人文学科见长的法国大学，甚至从学校层面对上涨学费进行了尖锐批判，认为这一决定"金钱至上""有歧视性"，将"阻碍高等教育的普及与国际化"。法国社会科学高等研究院（EHESS）院长克里斯托弗·普霍夏松（Christophe Prochasson）指出，考虑到本校25%的研究生和37%的博士生来自欧盟以外国家，突然暴涨学费这种"短视"且"无情"的行径将扼杀国家的科研活力。

由于政府未就此项决定与各地大学商讨，关于增加的奖学金如何发放、以怎样的标准针对哪些学生减免费用这些具体事项仍很模糊。部分教师和大学领导表示，增加的奖学金数量和受影响的学生人数相比只是九牛一毛，而且不可能以法国的收入评价体系衡量来自世界不同国家留学生家庭的收入情况。

《世界报》2018 年 12 月 1 日刊

法国消费者的服装花费显著减少

2018 年对于法国服装业而言是形势严峻的一年，不少品牌被迫关闭门店和裁员，折扣实体店和折扣网上商城遍地开花。法国时尚学院（IFM）于 12 月 6 日在巴黎举办"展望 2019 国际时尚与纺织业"研讨会，会上该学院的专家表示，连续十年销售走低的法国服装业反弹无望，从 11 月开始的"黄马甲"运动对法国零售业造成打击，到 2018 年年末，国民衣着消费将比去年再减少 2.9%，比 2007 年累计减少 15%。

专家指出，不能一味从经济形势和气候变暖的角度来解释这个已经"结构化"且"大众化"的现象。1960 年，法国人均衣着消费占人均消费总额的 9.1%，到了 2007 年仅占 3.9%。经历了无休止的潮流变迁和打折季的冲动消费，如今的法国消费者——无论属于哪个年龄层或是哪种职业，都变得比过去更加节制和理性。参与调查的消费者中有 40% 的人表示，考虑到环保与实用性，他们有意识地买得更少但"买得更好"，以避免不必要的浪费。

面对低靡市场，专家建议，服装业者应该认识到法国消费者的环保和伦理教育已经完成，并设法满足其对于更加透明的定价和生产方式的需求。随着 C2C 商务平台的兴起，越来越多法国消费者从审美和道德方面对二手服装产生好感，若能在如今估值高达 10 亿欧元的法国二手服装市场抢占先机，将是本土品牌走出困境的一条出路。

《世界报》2018 年 12 月 8 日刊

尼姆圆形竞技场的一场大战

在圆形竞技场高处阶梯座位上，2000 年前某位观众刻了一个含义不明的 "astivo"，法国国家研究所考古学家 Richard Pellé 对此非常着迷："关于竞技场没有任何书面资料留存，但是罗马斗兽场的一幅镶嵌画提到了某个名叫 Astivus 的明星角斗士，这会是同一个人吗？这些都是我关于尼姆竞技场的众多研究之一。"一直到 2034 年，一整支专家队伍都会专注于修复竞技场，但更重要的是研究这项古罗马遗产，特别是尼姆市刚建成一个大型古罗马文化博物馆，就坐落在竞技场对面。尼姆竞技场的工程持续时间长、耗资巨大（35 年 5400 万欧元），但非常振奋人心。负责该项目的首席建筑师表示："尼姆竞技场是保存最完好的竞技场之一，虽然它们因建成已久有些损坏，但功能并未受到影响。"

目前，竞技场部分区域装上了裹着防水油布的脚手架。建筑师们和七个工作团队（其中包括一些石匠），每年以 5 到 6 个跨度的速度工作（长 133 米、宽 100 米的竞技场总共有 60 个跨度）。

虽然从 19 世纪以来竞技场就有过几次修复工作，但在 2005 年才进行了第一次全面检查，并修复了第一个跨度。建筑师表示："之前的修复人员只专注竞技场外部，没有全局视野。"随后专家们进行了三项技术研究，以及逐石检查。竞技场建于干燥时期，并未使用砂浆来粘合，而是将每个大块石头都切割成适合嵌入的形状。"这项壮举是罗马人建筑天才的见证，但石头间没有接缝，反而导致积水，因此带来了损坏。"几个世纪以来，三分之一的石块被简单地更换。如今，建筑师避免这一处理方式，以保护材料的原始性。

目前，国家、省级、地区级和城市各层面都在关注这个独特的项目。斗牛场、方形神殿、马格纳塔和新落成的博物馆等使尼姆成为古罗马文化代表城市之一。竞技场如今依旧吸引着每年 3 万名游客前来观看斗牛比赛或军团士兵游行。

《费加罗报》2018 年 12 月 24 日刊

法国巴黎艾德拍卖行将继续在
摩洛哥马拉喀什的文化之旅

艾德拍卖行（Artcurial）将连续三年在马拉喀什举办针对东方文化爱好者的拍卖会，不久前也开始拍卖非洲现代艺术珍品。法国创业艺术家让·博舍（Jean Bauchet）在 20 世纪 50 年代在马拉喀什投资建成了宫廷度假酒店（Es Saadi Palace），而这次拍卖所有藏品都将在让·博舍同名展厅拍卖，同时他的女儿伊丽莎白·博舍（Élisabeth Bauchet-Bouhlal）也展出了其家族从 20 世纪 50 年代至今的艺术收藏品。

法国艾德拍卖行选择在马拉喀什拍卖非洲艺术藏品并非巧合，这座城市扎根于摩洛哥文化之中，并且拍卖将通过实况视频在巴黎同时进行——这是唯一能够避免摩洛哥对艺术品引出征税等一系列问题的方法。从 2015 年至今的拍卖活动已然成为公众关注的年度盛事，不仅吸引了欧洲、英国和美国，近年来海湾地区国家人民也慕名而来。

马拉喀什作为摩洛哥的经济、文化和艺术中心，于 11 月末刚被评选为 2020 年非洲文化之都。同时，今年以非洲及其侨民的现代艺术为主题的 1∶54 当代非洲艺术博览会也在马拉喀什展出。艾德拍卖行执行主席表示："马拉喀什展现了一个新的摩洛哥，它拥有四大发展动力：吸引新收藏家的蓬勃经济、辐射整个非洲的战略地位、法语国家地区的文化传统和越来越吸引中东和阿联酋国家的生活方式。"艾德拍卖行已经在摩洛哥投资了七年，也是摩洛哥唯一的法国拍卖行。

2015 年开始在马拉喀什举办拍卖活动以来，得益于精准的客户定位，藏品成交金额迅猛上升。2017 年 12 月艾德总计成交金额为 350 万欧元，与年初成交金额相比显著增加了 50%，其中 95% 的交易来自摩洛哥。每一年，拍卖行所展出的藏品都范围更广，选择更多。为了使今年的拍卖获得成功，艾德致力于将藏品交易植根于文化土壤，这也是艾德拍卖行与当地 10 余个博物馆、基金会和展厅等合作，展开"马拉喀什艺术周"（持续到 1 月 5 日）的缘由之一。

《费加罗报》2018 年 12 月 28 日刊

法国圣诞节图书销量猛增，
2018 年独立书店收入与 2017 年持平

　　法国"黄马甲"运动的迅速发展导致独立书店在去年 12 月初的销售状况不佳，比 11 月销量减少 17%。直至圣诞节前的最后一个周末，销量猛增 10.7%，才使 2018 年全年销量与 2017 年基本持平，甚至反超 0.6%。尽管如此，法国图书市场的整体发展态势不容乐观，新特点是超过半数的图书销售通过 Fnac 等网络商城完成。虽然 2018 年的准确数据需要等到 2019 年第一季度结束后才公布，但"黄马甲"运动对图书销售带来的消极影响是显而易见的。文学类书籍的销量在 2018 年显著减少，除龚古尔获奖小说——尼古拉·马蒂厄（Nicolas Mathieu）的《追随他们的孩子们》之外，2018 年 8 月以后出版的文学作品无一进入独立书店畅销榜单的前十名。

　　值得注意的是，法国作家米歇尔·维勒贝克（Michel Houellebecq）的新书《血清素》（*Sérotonine*）于 2019 年 1 月 4 日问世，初次印刷的印数达到了 32 万册之多，这在日益不景气的的文学出版领域十分罕见。该书一经推出便立马成为 Fnac 和 Amazon 网站的图书类销量冠军，在巴黎，不少书店外面也能见到焦急排队的忠实读者。米歇尔·维勒贝克的上一部作品《臣服》（*Soumission*）是法国 2015 年的销量冠军，当年卖出 60 万册，至今总销量超过 80 万册。

《费加罗报》2019 年 1 月 5—6 日刊

法国青少年吸毒、吸烟、酗酒问题严重，引发社会担忧

有调查显示，超过九成的法国 17 岁青少年尝试过酒精，其中接近 60% 的人曾经喝醉；四成的法国 17 岁青少年接触过大麻，其中的 10% 已经表现出依赖性以及同时吸食多种毒品的倾向；他们中的相当一部分人在初中阶段就已经养成了吸烟的习惯，对酒精和大麻早已不陌生。吸毒、吸烟、酗酒人群的严重低龄化趋势引发了法国社会的普遍担忧。尽管整个欧洲控制中学生接触烟酒的努力已逐渐取得成效，但法国的中学校园始终是重灾区。该问题涉及法国所有社会阶层的青少年，而且对烟、酒、毒品产生依赖性的女生人数正在赶超男生。

过早地、长期地吸烟、喝酒甚至吸毒对于青少年正在发育中的大脑的危害不言而喻，戒掉恶习的难度和代价异常巨大。经济合作与发展组织（OECD）在 2016 年年末发布了阶段性的"国际学生评估项目"（PISA）测试结果，当年，法国 15 岁中学生的成绩在参评的 72 个国家和地区中名列第 26 位，比前一次测试（2012 年）排名下降 1 位。青少年学习能力的不理想与沾染烟酒毒的不良风气有直接联系。对此，家长、学校、政府和社会各界应该共同行动，从小学阶段开始做好系统的禁毒教育。

《费加罗报》2019 年 1 月 7 日刊

法国公共健康局发布新的健康膳食建议

通过简洁高效的信息，法国公共健康局（SPF）提出了关于饮食、身体活动和针对久坐生活方式的新建议：每日 5 种果蔬之外，还应摄入豆类、坚果、全谷物，并建议减少肉类。宣传负责人强调："我们偏向给予健康生活的大方向，以尽可能接触到更广泛的人群，而不是将结果量化来吓走对营养学不太感兴趣的人。这些膳食配方被接受的程度更高，希望它们可以逐渐融入每个法国人的日常生活当中。"

公共健康局提出的建议已经通过多个 18 至 64 岁健康和社会专业人员的测试。这些建议分为以下三类："增加"（水果、蔬菜、豆类和坚果的摄入，以及自制饮食和身体活动），"减少"（肉类、高盐高糖、熟食、酒精和久坐）和"偏好"（有机产品、全淀粉食品、菜籽油和坚果油等）。对于想了解更多的公众，公共健康局也发布了更详细的建议。

公共健康局基于 2017 年法国国家食品、环境及劳动卫生署（ANSES）公布的科学资料提出新建议，取代 2001 年的饮食建议，其中保留日食 5 份蔬果，并更鼓励食用富含纤维的食物。新建议包括每周至少 2 次食用豆类；每天 1 份全谷类淀粉；每天少量坚果以获取 Omega-3 脂肪酸；成年人每周食肉量限制在 500 克和熟食量 150 克；每天 2 份乳制品；每周 2 次鱼类，其中 1 次要是富含鱼油的品种，并尽量吃不同种类的鱼，以降低摄入污染物的风险。其他建议还包括选用当季蔬果、当地食材，尽可能选用有机食物。目前已经有百家商标产品都已经标注了从 A 级到 E 级的五色营养系统图，营养信息更直接，尤其是加工产品，营养标志能帮助公众作出最优选择。

在体能方面，公共健康局建议每天运动 30 分钟、每周 2 个半小时，减少久坐，每坐 2 小时就应起身走动一下。所有信息都将成为今年宣传活动的核心，针对儿童、孕妇和老人的建议将在稍后发布。

《费加罗报》2019 年 1 月 23 日刊

米歇尔·勒格朗——献身音乐的一生

"我最终相信，生命并不因死亡而画上句点，而是以另一种方式继续。"法国著名作曲家米歇尔·勒格朗于周六逝世，享年86岁。长达60年的职业生涯为他赢得了世界级的声誉，他的去世引起了巨大悲痛，人们纷纷发文悼念，其中包括戛纳电影节前主席吉尔斯·雅各布（Gilles Jacob）。这位天才的与世长辞标志着法国电影一个时代的结束。

米歇尔·勒格朗于1932年出生于巴黎的一个音乐世家，父亲雷蒙·勒格朗（Raymond Legrand）是一名自学成才的作曲家，母亲（Marcelle Der Mikaëlian）则是一位乐队名指挥家的妹妹。在音乐学院学习了钢琴、小号与谱曲后，他对爵士乐充满了热情，并在纽约录制了一张音乐专辑，与美国爵士乐演奏家迈尔士·戴维斯（Miles Davis）等合作过。法国"新浪潮"则使他彻底转向电影行业，开始闯荡好莱坞。1969年以《龙凤斗智》获得奥斯卡最佳电影主题曲，随后又凭《往事如烟》（1971年）和芭芭拉·史翠珊执导的《燕特尔》（1984年）两次获得奥斯卡最佳配乐奖。挚友克劳德·鲁鲁修（Claude Lelouch）对好友的逝世非常悲伤："米歇尔可以说是单人管弦乐队，他有着令人难以置信的即兴创作才华。"

米歇尔·勒格朗生前合作的导演众多，包括戈达尔、马塞尔·卡恩、克劳德·夏布洛尔、克林特·伊斯特伍德、布莱克·爱德华兹等。在20世纪60年代，米歇尔与法国导演雅克·德米合作了9部影片，其中包括《瑟堡的雨伞》（获得了奥斯卡提名和金棕榈奖）、《柳媚花娇》等。二人合作亲密无间，为影史所铭记。

这位音乐大师一生忙碌，今年8月他刚出版自传，又为大导演奥逊·威尔斯遗作《风的另一边》配乐，这也成为他生前的最后一部作品。

《星期天报》2019 年 1 月 27 日刊

2018 年失业率有所降低

　　法国主要城市中，在 Pôle emploi（法国就业指导网）注册的失业求职者（A 类）人数下降到略低于 342 万。这表明，目前来看年底经济放缓并未导致失业率上升。除马约特岛外，整个法国地区的下降幅度都是一样的。与 2017 年第 4 季度相比，失业求职者的人数减少了 50600 人。这类别是最受关注的。

　　B 类求职者（一个月内小于 78 小时工作时间）人数在一年内没有太大变化，法国大城市中有 75 万余人。C 类求职者（一个月内超过 78 小时工作时间）人数增加了 31900 人。这两类求职者人数变化幅度很小，但这表明人们工作质量有所提高，特别是因为 C 类中大量人员从事的是全职工作。当然，所有这些都不会缓和关于短期合同重要性的争论，这是失业保险谈判中的核心问题。巴黎东部大学教授兼法国国家科学研究中心工作、就业和公共政策（TEPP）部门主任 Yannick L'Horty 这样认为："这些数字看起来很积极，但是除了科西嘉之外，这种下降影响到了法国所有地区。"

　　这将是一个好兆头吗？经济放缓让人担心新增就业岗位的减少。更重要的是，法国长期面临失业问题，政府负担恐会越来越重。如果将 A，B 和 C 类合并在一起，那么在一年或更长时间内注册人员的比例会和 47.2% 持平，即一年内增加 2.4 个百分点。"生产力效益很低，但 2019 年公司将会从减少很多开支（尤其是因为最低工资标准的要求发生变化）中获益，" Yannick L'Horty 说道。

研究人员很乐观，他们指望在 Pôle emploi 上登记的人数出现"不规则但进展性的"下降。

《回声报》2019 年 1 月 28 日刊

法国《反假新闻法案》引发争议

法国议会于 2018 年 11 月 20 日投票通过《反假新闻法案》，该法案于 2018 年 12 月 22 日正式颁布。

新的《反假新闻法案》，主要依照 1881 年《新闻自由法》中限制假新闻传播的内容以及现行的选举法起草，旨在保护总统大选前三个月至选举日期间政治信息的真实性，避免有人利用社交网络蓄意大规模扩散虚假消息，从而左右大选结果。该法案赋予法官"删除内容、关停网站、封锁用户账号"的权利。

《反假新闻法案》从提出至今争议不断，反对派认为实际执行的难度巨大。巴黎大审法庭审判长 Jean-Michel Hayat 表示，"黄马甲"运动开始以后每天都有起诉诽谤的案件出现，新法案的推行无疑会使此类诉讼大众化。法律将以何种形式调解选举期间极易白热化的矛盾仍在讨论中，目前还未有关于该法案社会影响的研究问世。地方法庭暂时无权受理此类案件，外省候选人若想维护自身权益则必须往返巴黎，恐怕得不偿失。根本问题在于，想在网络时代证实谣言远比证实事实困难许多。早前有传言称，马克龙在竞选期间持有海外账户，但立刻被证明是子虚乌有的。事实上，法官并非每次都能像判断海外账户的存在一般，对各类假证作出迅速和准确的判别。即便确认是假消息，如何界定"蓄意""大规模"等概念又是另外的难题。

《费加罗报》2019 年 2 月 1 日刊

法国计划立法延长科研项目的资助周期

2019 年 2 月 1 日，法国总理爱德华·菲利普（Edouard Philippe）出席了法国国家科学研究中心（CNRS）成立 80 周年纪念大会。他在会上承诺，2021 年将出台延长科研项目资助周期的新法规，即国家对未来科研项目的资金和人力支持从 3 年起跳，避免此前出现过的项目未结却资助中断的状况。总理表示，国家已连续两年增加对科研事业的投入力度（2019 年国家科研拨款总额为 251 亿欧元，比 2018 年增加 5.49 亿），是时候进一步完善资助周期等法规细则，这"同时也是改革科研体系、提高效率的有利时机"。

新法规将在 2020 年由一个 12 人的工作组起草，2021 年正式生效。事实上，法国学术界长期以来都有延长资助周期的诉求，只是直到现在才得到政府的积极回应。法国国家科学研究人员工会（SNCS-FSU）总干事帕特里克·蒙弗尔（Patrick Monfort）认为，延长资助周期必然是好事，只是应该警惕，新法规可能沦为在某一阶段盲目增加项目数量以应对国际竞争的手段。

值得注意的是，总理宣布这一消息的时机非常微妙。法国国家科学研究中心（CNRS）今年约有 35 亿欧元的拨款，在职员工 3.1 万人；其中的 1.1 万是研究人员。该中心最近决定将 2019 年的招聘人数从 300 人减少至 250 人（竞聘人数超过 6000），这一决定遭到猛烈的舆论攻击。反对者呼吁恢复原招聘人数，称减少招聘规模以后随之而来的将会是国家公共科研实力的衰退。

《世界报》2019 年 2 月 2 日刊

古典脱口秀的新势力

二十多个国家、数百场演出、五国语言的表演，22 岁的萨瓦钢琴家亚历山大·普雷维尔（Alexandre Prévert）有理由感到满足。2 月初他与法国唱片公司 Naïve 签订独家合约，同时于 2016 年推出的"经典单口"理念似乎最终获得了观众认可，也向法国国家工业产权局申请了商标保护。然而观众对这位年轻人的喜爱才刚刚开始，唱片公司也将马上推出他的音频光盘——普雷维尔表示有时些许单词及音符就足够令人感动或感兴趣。他的表演没有矫揉造作的手势，不依靠模仿，唱片公司总经理评价他"独一无二，创造了只属于他的风格"。

这些试图将古典音乐同滑稽剧、单人演出或歌舞表演等戏剧类型结合在一起的艺术家获得了巨大成功，但这并非新创。法国戏剧导演吉尔·加略特（Gil Galliot）回忆道："在 80 年代，四重奏等音乐组合就极大地促进了这种表演类型的发展，许多幽默风格的古典音乐团体雨后春笋般涌现，这种表演形式吸引了许多对古典音乐不太感兴趣的人。早在 20 世纪 80 年代之前，就已经有了辉煌的先例。"而这些多身份艺术家们正是如今古典滑稽风格的先驱。

这种流派的混搭在纯古典界有时会被视为一种背叛，然而一旦音乐家选择幽默风格，又能迅速成为一项优势。当幽默成为古典音乐节目的一部分时，它的效果更加强烈。这种优雅精致的外观和细节之间的对立，更能创造出趣味。近几年来则出现了一种新趋势，越来越多的"官方"古典音乐家陆续开始尝试古典音乐会和单口表演相结合的形式。虽然这些表演含有幽默元素，但幽默并非第一位的，这就是普雷维尔倡导的"经典单口"。

《费加罗报》2019 年 2 月 26 日刊

图书馆开放时间有限

2018 年 2 月，埃里克·奥森纳（Erik Orsenna）作为法兰西学士院院士和"阅读大使"同文化事务总监诺埃尔·科宾（Noël Corbin）一起向法国政府呈交了"图书馆之都"的报告。报告长达 70 页，包含着图书馆开放"更好、更久"的希望。一年之后，这份报告已由 STOCK 出版社出版，新任的文化部部长弗朗克·里埃斯特（Franck Riester）接管了"图书馆计划"，那么在存在已久的图书馆开放时间不足的问题上是否曾有过"奥森纳效应"？

从文化部的数据来看，目前反响并不算热烈。2018 年，171 个市立图书馆延长开放时间项目已获得资金，其中 60% 是人口少于 1 万人的市镇。与记录在册的 7700 家图书馆相比，这远算不上成果显著，而且 2018 年之前文化部统计显示已有 135 个市镇周日会开放一座图书馆。"时间平均增加 8 小时，同时，我们的目标是到 2020 年法国延长开放时间的图书馆数量达到 400 个，"文化部部长办公室书籍和阅读顾问 Matthias Grolier 总结道。

法国市长协会副主席表示，有些地方市镇受到"财政创伤"，目前的犹疑并不是由于文化政策不足，而是预算问题，再加上人力方面，难以说服工作人员在休息日工作，或是延长晚上上班时间。"延长开放时间主要是小市镇，这也是因为那些地区有更多的志愿者。"目前政府已经拨款 1 千万欧元给公共图书馆，用于延长开放时间（包括人力、交通、集体活动等费用），援助为期 5 年，之后由当地市镇来接管。法国图书馆员协会主席爱丽丝·伯纳德（Alice Bernard）认为："款项没有以可持续的方式分配，再比较一下其数额与图书馆的数量，我们还有很长的路要走。"

地方当局必须向地区文化事务局（DRAC）申请"时间诊断"来获取款项资格，也就是调查当地居民对延长图书馆开放时间的看法。在法国巴卡拉地区，失业率和贫困率均高于全国平均水平，市镇图书馆开放时间延长的同时，还设有针对儿童和父母的兴趣班和娱乐活动，使人们感知到阅读的益处。所有合理化开放时间之后的图书馆到访人数都显著增加，特别是青少年和家庭成员。

《回声报》2019 年 2 月 28 日刊